大姚

总策划 杨斌
迟中华
主编 徐晓梅
本卷主编 李国荣

云南出版集团
云南人民出版社

文化
楚
雄

文化楚雄・大姚

大姚

图书在版编目（CIP）数据

文化楚雄．大姚 / 李国荣主编．-- 昆明：云南人民出版社，2017.12
ISBN 978-7-222-16576-2

Ⅰ．①文… Ⅱ．①李… Ⅲ．①地方文化－大姚县 Ⅳ．① G127.742

中国版本图书馆 CIP 数据核字（2017）第 263969 号

创意策划： 云南出版集团公司产业发展部

出 品 人： 赵石定
责任编辑： 徐 昕 李 奭 刘 焰
设计总监： 袁亚雄
装帧设计： 云南非鳥文化傳播有限公司
责任校对： 陈春梅
责任印制： 洪中丽

文化楚雄·大姚
WENHUA CHUXIONG · DAYAO

主编： 李国荣
出版： 云南出版集团 云南人民出版社 // **发行：** 云南人民出版社
社址： 昆明市环城西路 609 号 // **邮编：** 650034
网址： www.ynpph.com.cn // **E-mail：** ynrms@sina.com

开本： 787mm×1092mm 1/16 // **印张：** 17.25 // **字数：** 110 千
版次： 2017 年 12 月第 1 版第 1 次印刷
印刷： 云南出版印刷（集团）有限责任公司 云南新华印刷二厂

书号： ISBN 978-7-222-16576-2 // **定价：** 59.00 元

如需购买图书、反馈意见，请与我社联系
总编室：0871-64109126 发行部：0871-64108507 审校部：0871-64164626 印制部：0871-64191534

云南人民出版社微信公众号

总序

中国的彝乡　世界的彝乡

一

黄河中下游的华夏民族孕育了上古时代的中华文明，这是共识。中原之外，四周有东夷、西戎、北狄、南蛮控制地区。

云南为“南蛮”之地。“元谋人”的故乡是蛮荒之地，是化外之地，由旧史观所致。

事实是，中华民族、中华历史、中华文化是由各民族长期交融、共同发展而形成的。楚雄不仅有我国人类历史的开篇，而且有从古至今各民族人民伴随着中华文明生生不息、从未停止的历史足迹。因此，楚雄是中国的彝乡，是世界的彝乡，我们要有这样的民族自信，这样的文化自信。

回顾楚雄地方历史，我们不难看出，楚雄州自古就是中华民族国家统一体中不可分割的一部分。楚雄州各族人民具有与中华民族同呼吸、共命运的历史传承，我们的民族文化始终伴随着中华文化的源远流长呈现出开放融合的历史发展潮流。

试想一下，如果没有庄蹻通滇，楚雄州不可能早在先秦时期就在“滇”文化的高度发展中孕育出威楚雄风的历史气象；如果没有汉武置县，楚雄州不可能早在封建帝国形成之初就与大一统国家紧紧联系在一起；如果没有南诏、大理国的崛起，楚雄州不可能在唐宗宋祖的历史碰撞中显示出区域中心的地位以及由此带来的文化圆融；如果没有元明清以来中央王朝持续不断的移民屯垦、设府兴学和改土归流，楚雄州不可能形成多民族和谐共生的历史格局并实现与内地的同步发展；如果没有近代以来举国上下反封建、反压迫、反侵略革命斗争的风起云涌，楚雄州也不可能融入时代发展的洪流之中与中华民族同呼吸、共命运；更显而易见的是，如果没有中华人民共和国的建立特别是改革开放以来的时代引领，楚雄州也不可能实现民族区域自治并在政治、经济、文化和社会生活的各个领域发生如此翻天覆地的变化。

历史是一面镜子，当我们大力弘扬民族文化、努力彰显民族地区文化多样性的同时，不应当忽视历史发展的共同性与规律性。任何文化，都是植根于一定的地理环境，并在长期的历史发展过程中逐渐形成的。楚雄民族文化是中华民族文化的有机组成部分，中华民族多元一体，中华文化多源共融，这是楚雄州文明社会发展进步的历史规律，自古而然，于今为盛。

生斯土，长斯土，将来藏骨于斯土，斯土之史当知之。这是草根民众的家国情怀，是乡土文化的自觉与自信。时至今日，民族文化强州建设已成为共识，而繁荣楚雄州民族文化，需要在历史的回眸中增强智慧与力量。

这应是“文化楚雄”的新视角。

二

六亿年前，在一片水边的湿地上，生活着大量的三叶虫，蠕蠕而动的生灵，似乎在寻找着生命起源之秘。过了三亿年，三叶虫还尚未弄懂自身存在之秘便长眠于水下，永留于寒武纪地质层内。此时，滔滔水浪里，畅舒自由的是一些长得怪异的鱼，用鳃呼吸的生命，在液态的生存空间中，抒写不了永恒的文字，它们迁游太累，沉沉睡去，融入泥盆纪地质层中。

又过了一亿多年，波涛汹涌的大海边出现了大片沼泽地，其间生长着桫椤等各类蕨类植物，这些鲜嫩的植物是巨型生物喜食的物品。于是这里出现了大量的恐龙，它们把侏罗纪变成了巨无霸时代。同一时间，诸如龟类、贝类、蚌类等等生命形态大量出现，很是热闹了一段时间。随着气候的改变和外星的袭击，地球发生了天翻地覆的变化，许多占统治地位的生物默默退出了历史舞台。

而后，在地壳的不断运动中，这片泽国渐渐上升成为陆地，许多生命不能适应变化，提前告别阳光雨露，在阴暗潮湿的地下世界石化为生命传奇。时间又过五千多万年，早已变为陆地的楚雄地界上，在苍天古树中间，一群腊玛古猿来到了地面，尝试直立行走。到170万年前左右，元谋出现了亚洲最早的人类。元谋人完成了从猿到人的巨大转变，开始从这里走向世界。人类生命群的出现，是地球上最了不起的奇迹。氏族、部落、族群繁衍演化，生存在这片土地上的彝族创造了万年以上的辉煌文明。人类有寻根探源的天性，我们从哪里来？这需要答案。人们寻来寻去，最终锁定楚雄这块热土。现在所有生活在这里的人，都可以自豪地向外宣称，楚雄是人类的老家，我们就是从这里走向世界的。

这里曾孕育了东方世界最早的人类，同时，这里也奉献了中华大地最古老的文明。这里有最丰富的彝族创世神话，原始文明的灿烂火光烧红了这里的每一寸土地。大规模的畜牧养殖和农耕文明的曙光不可思议地照耀着这里，谱写出艰难创业谋发展、民族融合兴大业的壮丽乐章。在它彝族文化的躯体里，涌动着万物有灵的朴素认知之血，遍布着各种承载华夏文明走向南亚、东南亚的古道和桥梁。茫无际涯的时空长流，淘洗尽人类无法厘清的杂乱足迹，由此沉淀而成的文明遗迹、人文情怀与历史价值，宛如恒星永灿，明月长照，或多或少，有形无形，对我们这些生活在这里的人产生了深远的影响。文化是生命成长与发展的记录，彝族文化是彝族继往开来的写真。

中国彝乡·滇中翡翠·和美楚雄，虽然“三古一彝”文化有厚植的深根，但亦须不断地灌溉滋润。遵循历史传统与现代创新，给古老文明注入新的活水，使之源远可溯，流长有望。

这应是“文化楚雄”的新担当。

三

楚雄州是以彝族为自治民族的多民族聚居区，全州共有26个民族，总人口273万人。其中在州境生活百年以上、人口在6000人以上的有汉、彝、傈僳、苗、傣、回、白、哈尼8个世居民族。各民族总体上大分散、小聚居，其中汉族和回族主要聚居在城镇、坝区或交通沿线，彝族、白族、苗族、傈僳族、哈尼族主要聚居和杂居在冷凉或高寒的山区和半山区，傣族聚居在金沙江河谷地带。相对来说，汉族聚居区土地肥沃，人口众多，水利、交通条件较好，而各少数民族地区地广人稀、山高箐深、交通不便，但自然资源比较丰富。

彝族是我国少数民族中人口较多的一个民族，主要分布在云南、贵州、四川、重庆、广西5省（区、市）。楚雄彝族的分布也很有规律，楚雄、南华、双柏以哀牢山麓为主要聚居区，大姚、永仁以百草岭为主要聚居区，武定、元谋以金沙江南岸的乌蒙山区为主要聚居区，姚安、牟定、禄丰则与其他民族杂居于山区。早在一万年前，彝族先民就在这片热土上创造了以十月太阳历为代表的灿烂文明。先秦时期，彝族先民在州境繁衍生息。至东汉后期，爨氏统治南中400余年，各种嶲、昆明、滇、劳浸、靡莫等“氐类”氏族部落的称呼逐渐被“叟”代替，标志着彝族的初步形成。至唐代中叶，南诏崛起，加强对爨区的控制。至宋大理国初期，今楚雄州境内已逐步形成了白鹿部、罗部、罗婺部、华竹部以及招莺部、摩刍部、易哀部等以彝族为主体的部落联盟。元朝以后，统称金沙江南北彝族各部为“罗罗”，使之成为彝族最终形成和界定的明显标志。明、清以后，内地汉族大量迁入，促进了彝区生产力的发展和封建地主制经济的建立，州境各地逐渐形成“汉僰杂处、罗罗山居”的分布格局。

走进彝山，你可以看到这里的民族大都有古铜般的肤色和清瘦结实的身板。因为在这里，他们是高原的儿女，距离太阳最近，灿烂的阳光不仅照耀在他们的脸上，也温暖着他们的心灵；因为在这里，他们常年行走在大山之上，日出而作，日落而息，与自然规律融为了一体；走进彝山，你能感受到这里的民族有着火一般的热情，家家都有一个长年不熄的火塘，户户都有当地自酿的小灶美酒，日常生活离不开火，朋友相聚离不开酒，节日习俗、祭祀礼仪更是火与酒的盛典。难怪一说到山地民族，人们自然会想到火的民族，红红的火把，火火的歌谣，酒歌中激情燃烧的岁月，等等。这就是楚雄各民族坚守的从大自然中孕育出来的原生态文化，这就是山地民族真性情的自然流露。

千百年来，各民族生活在这片滇中高原热土上，在适应自然、改造自然的过程中形成了山地民族勤劳质朴的性格品质和生存之道，团结进步、繁荣发展，是大家的共同追求。

这应是“文化楚雄”的新目标。

四

孔夫子说，智者乐水，仁者乐山，这话很有道理。山地民族，可能算不上是很有智慧的民族，但绝对算得上是有仁有义的民族。重重大山，在很大程度上阻碍了山地民族通往外界的道路，使他们不容易看到外面世界的精彩与无奈。然而，登高望远，人的胸襟会很开阔，不会轻易被世俗所困扰；与大山为伴，人的意志会更加坚韧，认定的目标不会轻易改变；空谷足音，人的思想会更加纯正，待人接物，会更加淳朴厚道。正是这种高原情怀和大山精神，赋予了山地民族勤劳、勇敢、务实、诚信、担当等诸多优秀品质。

秉彝至诚，兼容创新，雄远图强。这应该是楚雄精神不可缺少的内容之一。千百年来，楚雄州各族人民秉持山地民族的生存法则，在滇中高原特殊的地域环境中长期形成了适应自然、开发自然的生存能力和至诚至信的性格秉性；同时，滇中高原自然生态与文化生态的多样性，形成了楚雄州各民族相互依存、和睦相处、共同繁荣、共同进步的文化传统与发展能力，使开放、兼容始终是贯穿楚雄历史文化与民族文化发展的主流特征。今日楚雄，挟威楚余韵，雄起滇中，山高视远，孕育了各族人民在实现中华民族伟大复兴的历史征程中奋勇争先的雄图远志。

文化的最高层面与核心要义是人的品质与精神，楚雄人的精神与品质中从来就不缺乏敢为天下先的积极态度，这体现在已经成为彝州标识的无数第一上。

世界最早的铜鼓——万家坝铜鼓。

世界最大的恐龙展览馆——世界恐龙谷。

世界最大的孔子铜像——石羊孔庙孔子铜像。

中国内地独一无二的磬锤塔——大姚白塔。

中国第一福塔——楚雄福塔。

中国第一历法公园——楚雄十月历公园。

中国最奇特的“森林”——元谋土林。

西南第一高瀑——三潭瀑布。

西南第一山——武定狮子山。

西南第一天生桥——滇中大裂谷天生桥。

西南最艳的茶花——紫溪古茶。

……

文化楚雄，选择的内容和书写的方式，努力实现不从众不媚俗，不偏狭不避俗。每一个人，走遍楚雄，耳闻之事，目睹之物，分析所见，思索所得，情之所系，兴之所至，流于笔端，皆有不同。重要的是我们在差异性中认识到丰富多彩的价值，体会到更多的介入方式和理解方法，以我们所执着的探索与实践，留下一部镌刻在脑海间的书，绘就一幅镶嵌在山水间的画，创作一首流动在天地间的诗，高歌一曲铭记在心灵间的歌。

这应是“文化楚雄”的新探索。

虽拉拉杂杂，所言皆为心声，聊附其中，是为序。

祭孔圣地　彝剧之乡

相传，西汉年间，在西南夷的蜻蛉县禺同山（今大姚紫丘山）有金马碧鸡神，当地的人们频频看见这种景象的出现，出现的时候光彩夺目，非常漂亮、非常震撼。汉宣帝得知后，认为是吉祥之兆，便派使节来当地求拜。金马碧鸡的奇异景象今已不复存在，但这个美妙的传说却开始流传下来，大姚成了云南著名的金马碧鸡之源。可见，大姚早在西汉时期，就有了令人羡慕的文化珍宝，让远在万里之遥的中原人无比神往。

从远古走来的大姚，带着旧时的味道，携着文化的芬芳，犹如一个绚丽多彩的民族文化宝库。而金马碧鸡的美妙传说，只是这座宝库中的一粒珍珠而已。

大姚，素有“历史文化名邦”的美誉。这里是以石羊孔庙为标志的中原儒家文化、以金碧唐代白塔为标志的印度佛教文化、以昙华十八月历为标志的彝族文化三大历史文化的交汇地，是云南著名的“金马碧鸡”发源地、中国彝族十八月历发祥地、咪依噜故乡、祭孔圣地、彝剧故里……这里历史悠久、文化灿烂，古老、多元、独特的大姚文化，伴随着大姚各民族从历史的深处一路走来，生生不息，绵延不绝。勤劳智慧的大姚人民，在创造历史的同时，也在创造文化，为大姚文化宝库留下了一颗又一颗璀璨的文化珍珠。

“大姚城郭万山中，昆明池西洱海东。金沙江水北流去，让出青山望楚雄。”大姚，这个既普通又特殊的地域，这个地处楚雄彝州西北部既是“蛮荒之地”，又是沃土生金的地方，

因为有了文化，才有了灵魂；因为有了文化的灿烂，才有了文化的奇葩。如果说云南文化是富矿，那大姚文化就是楚雄文化中的富矿。

远在上古时期，大姚彝族先民就创立了“十八月历”这一古老的天文历法。距今四千年前，县境先民已进入新石器时代。1982年，县境发现距今三千多年的殷商晚期古文化遗址两处——金碧大栗树箐新石器时代文化遗址和桂花大河村新石器时代文化遗址。1990年，金碧镇火烧地村发掘出编钟，断代为战国文物，说明大姚早在春秋战国时期就已经属于青铜文化覆盖的地区。现代考古发掘证明，大姚是人类繁衍生息较早、活动较活跃的地区之一。

大姚从秦置吏，汉设蜻蛉，唐建褒州、西濮州，宋大理国置褒州，元改称大姚至今，已有两千多年的历史。两千年的历史时光，镌刻着丰厚的文化记忆，秦、汉时期，自秦开“五尺道”，便打通了大姚和内地的交通大动脉，促进了大姚和内地的经济文化交流，推动了大姚经济、社会的发展，也推动了大

姚的文化发展。秦时的“置吏”，就是秦王朝往大姚派遣官吏，开始对大姚进行直接的、正式的统治。汉武帝开滇，中原文化传入，蜻蛉县始“教学授经，著有贤声”，并在东汉时期进一步传播和发展。诸葛亮平定南中，大批汉人迁入蜻蛉。大姚成为受汉文化影响较早、较深的地区之一，为儒学渐盛提供了源头活水。

自秦、汉往后，随着封建政治制度的不断加强和地主制经济的不断发展，大姚县境得到了持续的开发建设，大姚与内地在文化上的差距进一步缩小，并有了新的发展，闪现出新的亮色。

唐、宋时期，大姚与内地保持着割不断的文化情节，文化往来从未中断。大唐一朝，大姚直接受南诏文化的影响较大。

❶ 大姚全景
❷ 西河

南诏时，统治者曾先后派遣几千人到成都“习孔子之诗书”。天宝战争以后，佛教文化进一步在大姚地区传播并兴盛。746年，唐代西域番僧建造的白塔，匠心独运，造型独特，一千多年来奇迹般地留存于后世而不倒，堪称稀世珍宝。这一时期，县境内各民族不断进行迁徙与交融，社会形态整体上由奴隶制逐步过渡到封建领主制阶段，封建社会的文化体系随政治、经济一起进一步健全。姚州（今姚安、大姚一带）与威楚、武定鼎峙，不但成为当时乃至后几个朝代楚雄地区的一个政治、经济中心，而且成为一个文化中心。大理政权建立之初，属大理国弄栋节度下的大姚，在进一步得到开发的基础上，文化有所恢复和发展。从大姚至姚安，沿途都有从四川流入的汉族农民，他们或为逃避内地沉重的赋役，或参加四川王小波起义失败后流入云南，在大姚一带租种、垦殖，既传播了内地先进的生产技术，也传播了内地的先进文化。两宋时期，大姚与内地的文化往来也从来没有中断，儒家文化、佛教文化在县境继续传播和扩大。

元、明、清时期，大姚的文化持续发展并步入封建社会的崭新

阶段，并在不同的朝代以及不同的历史节点，呈现出阶段性的文化景象。

南宋宝祐元年（1253 年），忽必烈率蒙古大军经川西分三路入滇，大理国灭，大姚降附蒙古，蒙古在原为高氏封建主领地的大姚设置大姚堡千户所。大姚之名的由来与此有关，元代之前称“蜻蛉”，之后称“大姚”，并沿用至今。元朝建立行省后，当政者在云南各地推行屯垦政策，通过有组织的大规模的屯垦，许多蛮荒之地得到开发利用，对恢复和发展生产起到了一定的积极作用，文化也得到了恢复和发展。元朝在云南设立儒学，令诸路、府官子弟均须入学，规定上、下路各 2 人，府、州各 1 人，民间子弟上路 30 人、下路 25 人，学徒免一身杂役。大理路设学官，大姚、姚安、白井子弟生员往大理府附学。在汉代就始设盐官，后来蒸蒸日上的“滇国盐都”白盐井（今石羊）商贾云集、市井繁荣，儒家思想传入较早。元代设置白盐井榷税官，元至元十一年（1274 年）设置提举司，盐政管理加强，尊孔读经之风日渐浓厚。

1381 年，明太祖朱元璋派傅友德、蓝玉、沐英统兵 30 万远征云南的残元势力。明朝统治云南后，主政云南的沐英向朝廷提出垦荒屯田的建议，获朱元璋批准并推行。云南的军屯很快就开展起来，大姚的大体情况与云南大致相同。屯田开始以后，对大姚县境的经济发展产生了深刻的影响，大量的内地移民带来了先进的文化，内地的学官、文庙、书院等一系列文化教育制度在大姚落地生根，儒家文化逐成高潮。

始建于明洪武元年（1368 年），于明万历三十七年（1609 年）重建，清道光二十三年（1843 年）又复修完善的石羊孔庙，建筑朱梁画栋，工艺精湛。在孔庙铸有孔子铜像一尊，供于石羊孔庙大成殿内的孔子铜像，由昆明工匠杨维伦于 1700 年开始铸造，历时 9 年时间，到康熙四十七年（1709 年）完工，高 2.3 米，重 2.5 吨，头戴琉璃玉冠，手执象牙朝

学子祭孔

❶ 丰收
❷ 咪依噜

笏，正额端坐，慈润祥和，堪称做工最精湛、保存最完整、历史最悠久、体积最大的孔子纯铜像。孔庙和孔子铜像成为儒家文化在大姚兴旺发达、长盛不衰的象征。县域儒教活动场所，除石羊孔庙外，还有坐落于古代大姚县城北城门旁来龙山山顶上（今金碧小学）的金碧文庙。据《大姚县志》记载，明嘉靖二十六年（1547年），在县城来龙山新建文庙。崇祯十一年（1638年），又另择地，在来龙山东侧重建文庙，先建文庙大成殿，坐北朝南，通面扩长18.4米，通进深宽10.1米，建筑面积186平方米。抬梁式，单檐歇山顶，筒板青瓦，五架梁，七踩斗拱。整个文庙占地4000余平方米。正大门前建立了雄伟的牌坊，牌坊上由书法家写着“文明坊”三个字。大成殿中央，安放着宽2尺、高6尺的“至圣先师孔子神位”，雕刻神龛，两边分供“四配、十二哲和先贤先儒”牌位。整个文庙宏伟壮观，雕梁画栋，文韵悠长。此去经年，金碧文庙及其在此举办的活动已悄然消失在历史的深处，而石羊孔庙及其祭孔活动，却踏着新的历史鼓点，在新的历史时代得以传承和发展，成为全省知名的“祭孔圣地”。

此一时期的大姚，还发生了一些大的文化事件。明天启六年（1626年），彻庸禅师建成大姚妙峰山德云寺，寺内珍藏佛经千余卷，香客游人四时不绝。明

江底河大桥

崇祯十一年（1638年），徐霞客一路西行，从元谋入大姚境，在龙街、县城、妙峰山等地留下足迹，对龙街境内奇特的“两花一树”（红梅花、玉兰花、红豆树）做了描述，游览住宿于德云寺，赋有《七律·宿妙峰山》等诗文。明朝嘉靖至天启年间，建县属学宫，万历至天启年间在白盐井提举司建学宫。到清朝康、乾年间，在白盐井（今石羊）建绿萝书院、张公书院、龙岭书院，建义学19所，其中白盐井5所。由于庙学合一，“仁”“礼”“中庸”“仁政”等思想春风化雨，润物无声，方圆不越十里的小小古镇，曾设灵源、张公、绿萝、龙泉、龙吟五大书院及多所义学、塾馆。明、清两朝，白盐井培养出翰林2人、进士5人、举人50人、武举2人、副榜2人、恩贡37人、岁贡110人。在儒家文化的熏陶下，尊孔读经在县境内产生了深远的影响，出现了“人习礼让，风俗大变”的状况。

大姚虽自汉代开始，中原王朝就在这里设置郡县进行管理，但都是由大姚的土著民族彝族为主体。他们世世代代居住于此

并繁衍生息，在不断的历史演进进程中，对自然不断地加以认识和改造，不断地积累知识和经验，创造了辉煌灿烂、博大精深的彝族文化，成为大姚历史文化的重要组成部分。很早以前，大姚世居的彝族先民就以“远古的时候没有天，我们来造天；远古的时候没有地，我们来造地”的民族精神，创造了“十八月历”“十月太阳历”。彝族十八月历的重大发现，打破了美洲墨西哥土著印第安民族部落玛雅人五千多年前创造的玛雅十八月历在地球上的唯一性，从而粉碎了其神秘性。美国学者认为，玛雅十八月历是彝族十八月历的延续，印第安人可能就是横渡重洋过来的中国人。不仅如此，彝族人民的生产、生活，以及在民俗、节庆、服饰、刺绣、饮食、建筑、宗教、语言、歌舞、丧葬、生态等方面，处处皆有智慧，样样都是文化，充分体现出彝族文化丰富、独特的内涵和特征。主要流行于昙华等地彝族聚居区的大姚彝剧，就是在彝族民间传统艺术（以说唱艺术为主）的基础上，结合当地滇剧、 花灯戏等地方剧种，采用汉族戏曲形式，不断融合、完善而形成的一种新兴民族剧种，大姚成为名副其实的中国彝剧诞生地。大姚彝族文化与儒家文化、佛教文化等民族文化，以及盐文化、核桃文化等地域特色文化，在大姚这片神奇的土地上相互激荡、碰撞和交融，多种文化交融共生、交相辉映、多彩绽放，共同形成了大姚独具特色的文化底蕴和丰富内涵。

民国时期，大姚文化随政治变迁而变化。民国建立后，掀起大办文化教育的小高潮。从 1912 年至 1938 年，先后设立了大姚医药学校、大姚农业学校蚕桑科及蚕桑研究所、简易师范等学所以整饬教育。民国六年（1917 年），著名国学家、史学家、诗人、墨梅画家郭燮熙被委赴设县不久的盐丰（今大姚县石羊镇）任知事。在任三年多时间，大力振兴教育，筹集三千多两银子作为教育基金，规定“纯取子金，禁用母金”，同时“愿后之继任者，办学者，同矢热心，同贞毅力，相与维持于不弊”。针对世家子弟“往往癖嗜麻雀牌”风气，他倡导并邀集文人雅士 15 人成立“龙山吟社”，以文化事业扭转不良社会风气。这个时期，大姚文化活动呈热闹之势，滇戏、花灯登台，歌舞、无声电影、进步书刊面市。

在文化不断发展和繁盛的背后，大姚的历史文化名人不乏其人。明、清时期，文人学士建寺庙、建诗社，吟诗作赋，遍及城乡。不仅明、清如此，实

际上大姚自汉代以来，各族人民在开发、建设大姚的历史进程中，就不断涌现出许多历史文化名人，有太史、诗人、书画家刘荣黼，有大姚中学创办人李一平，有书画名家白太常，有彝剧创始人杨森，有彝族书法家任逸浩等，从古至今，代有人出，史不绝书。历史上的大姚是一个大县，1961年3月，姚安、永仁2县从大姚析出，分别成立姚安、永仁县，作为“大县”的大姚，其历史文化名人肯定还要多得多。这些历史文化名人，是大姚各民族发展物质生产和精神生产的杰出之士，是大姚历史文化方面的卓越代表，也印证了大姚自古钟灵毓秀、英才辈出。

在大姚这片红色的土地上，同样演示着厚重的红色文化基因。1911年辛亥革命、1915年云南护国首义和1926年北伐战争爆发后，大姚人民积极响应，融入革命斗争浪潮，一大批英雄豪杰和志士仁人为这块红土地的新生抛头颅、洒热血。中国共产党的早期领导人赵祚传在大姚进行地下革命活动，由于被国民党反动派秘密追踪而被捕，1929年3月29日在县城北门外惨遭国民党反动派杀害，牺牲时年仅26岁。“楚囚无辜恨难平，革命奋斗只为民”，赵祚传用四言韵律写成的《农民四字经》，用朴素真切的语言通俗易懂地宣传革命道理，在人民群众中不胫而走、影响深远。1936年4月18日至20日，红六军团（军团长萧克、政委王震）长征过大姚，攻克盐丰县城，播下革命火种。抗日战争爆发后，大姚人民积极投身抗日，千名以上大姚儿郎奔赴抗日前线，保家卫国。光荣的革命历史传统，丰富的红色文化资源，为后人开展党史党性教育、发展红色文化旅游提供了重要的条件。

新中国成立后，在中国共产党的领导下，大姚发生了翻天覆地的变化。新中国成立之初，百废待兴，文化事业得到重视并蓬勃发展。1951—1953年，相继成立了县新华书店和县文化馆。1956年，农村俱乐部迅速发展，在城区和昙华建立了

❶ 马缨花盛开

❷ 咪依噜前跳脚

专业花灯剧团和业余彝剧团。1958年，大姚彝剧被中央认可，定为全国新兴的民族剧种。1965年，全县64个俱乐部健全了制度，电影放映形成网点，开展读书、看报、讲故事活动。1966—1976年“文化大革命”期间，全县文化事业遭受重大挫折和损失。

党的十一届三中全会后，历届中共大姚县委、县人民政府高度重视文化的发展，为繁荣文化事业和发展文化产业打下了较好的基础。改革开放初期，出台了《关于发展文化事业的决定》，明确提出了“五普及”，建立了乡镇文化站16个、文化室354个，农村业余文艺演出队115个。省、州、县三级拨出专款，新建了电影院、新华书店、剧院、文化馆、图书馆等文化设施，文化事业基础设施逐步加强。狠抓文学艺术创作和书法、摄影、绘画展览及农村文化活动，一批优秀文艺作品获得省、州奖励，发掘和修复了一批文物古迹，一批文物古迹申报为国家、省、州、县级保护单位，城区十大节日文艺演出活动、农村十大民族传统节日在城乡广泛开

铁锁坝子

展，丰富了群众的文化生活。从1995年开始，定期举办全县农民文艺会演和农民体育运动会。1999年，首部新编《大姚县志》由云南大学出版社出版发行。同年，石羊镇被评为“省级历史文化名镇”。2000年，昙华乡被文化部社会文化图书馆司命名为“中国民间艺术之乡”。2003年，出台了《关于进一步加快文化事业改革与发展的决定》《大姚县民族文化发展纲要》。同年，大姚被楚雄州人民政府评为“文化先进县”。在2003—2004年度全省剧本创作招标中，大姚县作者创作的小彝剧《伙子村长》成为57个省内外参加投标的剧本中的入围作品之一。这是楚雄彝族自治州小彝剧剧本首次入围全省剧本招标，影响较大。2006年4月，大姚白塔被国务院公布为国家重点文物保护单位。2008年，大姚彝剧被国家确定为第二批非物质文化遗产保护名录，梅葛被云南省人民政府确定为非物质文化遗产保护名录。“九五”期间，文化事业成为全县主抓的十大社会事业之一。“九五”至“十五”期间，明确提出并大力实施“文化兴县”战略，着力发展文化旅游产业。“十一五”至“十二五”时期，全县文化体制更加健全，基础得到夯实，文化发展要素更加健全，民族文化、文艺创作作品群星灿烂，文化遗产得到更加有效的保护，群众文化活动更加丰富多彩，文化市场发展健康有序，文化资源开发更加科学合理，

❶ 昙华彝族十八月历

❷ 洗火草

文化旅游发展更加给力，全县文化事业发展成就巨大、硕果累累。

历史的千年回响，仿佛就在昨天。发展的滚滚洪流，势不可挡。“十三五”已经起航前行，大姚县各项事业的发展已步入聚力攻坚、促进跨越的关键时期，文化的发展已站在了新的历史起点。走好新的长征路，实现两个一百年的奋斗目标，实现中华民族伟大复兴的中国梦，实现与全国、全省、全州同步建成全面小康社会的宏伟目标，更加需要文化的滋养，更加需要文化的力量。传承保护好、开发利用好大姚文化宝库中的富矿，为这座宝库源源不断增添新的珍宝，积蓄养分，增添力量，这是大姚文化的使命，也是大姚文化的梦想。

当你翻开这本书时，她会让你静思，也会让你冲动。大姚这片大美的土地，不但美在她的历史、美在她的山水，更美在她的文化。各族人民在这片美丽的土地上创造的多姿多彩的文化，让人回味、让人品鉴……

目录 Contents

1 **总序 中国的彝乡 世界的彝乡**

7 祭孔圣地 彝剧之乡

001 第一章 千年盐都 祭孔圣地

002 千年盐都马铃响

019 莘莘学子来祭孔

029 金马碧鸡发源地

034 唐代白塔屹立

044 红色文化记忆

059　文化名士刘荣黼

064　昙华高奤映镌刻

071　第二章　咪依噜故乡　彝剧诞生地

072　咪依噜故乡——昙华

086　大姚彝剧

093　歌舞梅葛溢芬芳

105　指尖云朵

112　富含多种文化元素的大姚民族传统节日

151 第三章 彝州屋脊 核桃飘香

152 百草岭风光
166 拜访妙峰山
173 金沙江流过大姚
187 穿火草筒裙的村庄
198 三潭恋歌
206 中国核桃之乡——大姚
216 寻觅“大姚八景”
232 彝山馈赠

246 大姚赋
248 后 记

文化楚雄

第一章
千年盐都　祭孔圣地

大姚从秦置吏，汉设蜻蛉，唐建褒州、西濮州，宋大理国置褒州，元改称大姚至今，已有两千多年的历史。大姚，素有“历史文化名邦”的美誉。这里是以石羊孔庙为标志的中原儒家文化、以金碧唐代白塔为标志的佛教文化、以昙华十八月历为标志的彝族文化三大历史文化的交汇地，是云南著名的“金马碧鸡”发源地、祭孔圣地……

千年盐都马铃响

石羊因盐业而兴，汉代制盐，商贾云集，车水马龙。风雨桥上，各方人士聚集；骡马驿道，盐贩络绎不绝，日久年延，便走出了闻名于世的南方丝绸古道。六条西南丝绸之路古驿道形成了纵贯东西通国外，横穿南北上中原的通道。

千年盐都石羊，已被云南省人民政府命名为十大特色古镇之一。走进石羊，你看到的石羊的山、石羊的水、石羊的古街、石羊的孔庙，到处都充满着灵性。这一股无处不在的灵气，就是石羊千年的盐文化，天上地下，多味的空气中都有盐文化的精灵在游荡。

民以食为天，食以盐为首。食盐一直是几千年中华各族人民生生不息的物质资源，也是中华文明的一个重要的精神源泉。在人类历史上自从知道使用盐以后，人类就一天也离不开盐。历史上，特别是战乱年代，多次出现过盐贵如金的现象。因盐而兴的古镇石羊，两千多年来一直围绕着盐文化在创造着自己辉煌灿烂的历史，光耀着今天，昭示着更加美好的明天。

据《云南通志》载，石羊卤制盐始于汉、盛于唐，至今已有两千多年的历史。唐天宝八年（749 年）盐井大量开放，从元朝至治三年（1323 年）石羊设置朝廷直属的提举司，专管食盐的专卖税收，明洪武十五年（1382 年）设白盐井提举司辖井，至清光绪年间共有 140 位全国各地来任职的提举司。明弘治年间，产量增至 33 万斤，清康熙年间设白盐井督课提举司、盐课大使、训导，年

产盐 87 万斤。清朝乾隆十六年（1751 年）至 1919 年产量达 3106 万斤，到民国时设盐场公社。新中国成立后，1950 年大姚、盐丰两县先后设立盐业公司，隶属于云南省盐务管理局。1956 年划归楚雄专区盐业公司管理，1957 年盐业公司合并供销社，1958 年食盐公司归县商业局管理。1970 年盐厂以县社联营的形式恢复生产。1971 年，千年的制盐工艺发生了一次历史性变革，改筒子锅煎盐生产方式为钢板焊接平板锅煮盐，每天产盐 5.6 吨，全年可产 580 吨盐。1982 年后石羊制盐技术又发生了一次革命性的变革，将平板锅煮盐改为年产 3000 吨的真空制盐生产线，石羊的制盐在全县各行各业中率先进入机械化生产阶段。到 1990 年石羊盐厂的生产能力达到 6000 吨，到2001年，生产加碘盐3645吨，产值78万元，收入246万元，税收 44 万元，利润 35 万元。

挑盐水

一方水土养一方人，一方人中总有一位英雄站出来带领群众过上美好生活。石羊盐的发现，源于一位美丽聪慧的彝家放羊姑娘龙女。传说，如花似玉的彝家姑娘龙女，被远在千里之外的洞庭湖的西海龙王在一次到石羊游玩时看上了。龙王把龙女抢到洱海威逼成亲，龙女宁死不从。龙王无计可施，就把龙女赶到百草岭大山中放千只羊，不准丢失一只。龙女赶着羊，翻了九十九座山，爬过九十九道崖，羊被山里的狼偷吃了，一天天少了。龙王说，再过一年，如果羊达不到四百只就必须嫁给我。龙女赶着羊，流着眼泪又进了大山。来到石羊彝家山寨，彝族人民都喜欢她和她放的羊，姑娘们织出最漂亮的火草裙给她穿，小伙们唱梅葛为她解闷。姑娘、小伙都争着帮她去放羊，羊一

石羊古镇

天天多了起来。眼看羊快达到400只，达到龙王的要求，自己就能自由了。龙王看到自己的羊群多了反倒不高兴，一心想得到龙女，便施法让老天不下雨，一连几个月干旱，羊无草吃、无水喝，又死了330多只，只剩下一只白绵羊了。龙女心灰意冷地抱着白绵羊哭，眼泪掉在一块石头上，一只干渴的仙鸟飞过来吃下龙女的眼泪，站在白绵羊上叫。白绵羊听懂了仙鸟的叫声，舔干了龙女的眼泪，追着仙鸟向石羊的大山大箐跑去。龙女又饥又渴，追着心爱的白绵羊走在大山里，累得在一个山岸下睡着了，一阵风把龙女吹醒，不见了最后一只白绵羊。龙女伤心地大哭起来，龙王却在洱海里得意地狂笑着，龙女去找最后一只白绵羊，在石羊的大箐里，她听到了白绵羊咩咩的叫声。龙女喜出望外，沿着叫声找到了白绵羊，只见那只白绵羊在箐边石岸上往里拱，身子已钻进土里半截了。龙女拉住白绵羊的尾巴往外拉，羊扒出的泥土掀到了龙女的嘴里，有股咸滋滋的香味。龙女喜出望外，这是羊爱吃的盐巴。龙女高兴地帮羊用手刨土，刨了两天，刨出了一个深深的盐井。十多天不见龙女和羊，彝山的姑娘、小伙跟着羊脚印找到了龙女和白羊，龙女已经累死了，两只手还刨在土里，身边那只白羊已化成一只白石羊。从此，百草岭一带彝族人民有了盐吃。为了纪念放羊姑娘龙女，便在盐井旁边盖了一座龙女庙，庙里塑着美丽的龙女和白绵羊，并把找到龙女这天定为开井节，年年来庙里祭拜龙女、白石羊。美丽的石羊至今还在石羊圣泉寺被精心地保存着。

龙女和白羊发现的盐井给石羊一带的人民带来了财富，人们开始煮盐卖，外地客商来这里运盐。百年过后，石羊成了一个商贾云集的古镇，到了明洪武七年（1374 年），当地盐商和议和盐提举司捐资修建了孔庙。清道光二十三年（1843 年）复修完善，占地 6584 平方米。其主体建筑是按中国古代宫殿衙署规模布局，讲究纵横对称排列，中轴线上，布置主体建筑，附属建筑置于两侧，形成一个规模宏伟的建筑群。以孔庙大成殿为主体，左右两侧各有仓子阁、朱子阁，前面两侧有东、西庑，正前为大成门，门外两侧为名宦祠、乡贤祠。再前，正面为棂星门，门前左有“道贯古今”坊，右有“德配天地”坊，中有泮池，池上有月拱桥，最前面为照壁。棂星门左侧的黉学馆则按中国古代四合院形式布局，显得古典、庄严。孔庙的整个建筑群宏伟壮观、古雅精致，建筑材料均选用优质木材，明柱露梁，飞檐斗拱，画栋雕梁，精美别致，所镂龙凤狮虎、花鸟虫鱼、桦柏藤葛、人物山水，纹理细腻、层次清晰、惟妙惟肖、栩栩如生。特别是孔像神龛两侧所镂刻的龙凤呈祥画面，大成殿前天子台周围及泮弛、月拱桥两侧的护栏、石柱上的大理石镌刻装饰，其工艺更是令人叹为观止。

孔庙主体大成殿内正面供有一尊高 2.3 米、重 2.5 吨的大成至圣先师孔子铜铸坐像，其头戴平项冠、手捧朝笏，庄严端坐台上，显得熠熠生辉。铜像铸造于清康熙三十八年（1699 年），被誉为“是我国现存最早，也是最大的孔子铜像”。大成殿门额有康熙、乾隆等历代皇帝的御匾，如，“万世师表”（康熙二十五年颁），“与天地参”（乾隆元年颁），“圣集大成”（嘉庆元年颁），匾额红底

金字、光彩夺目。1993 年被云南省人民政府列为第四批省级重点保护文物。

孔庙内保存有“封氏节井”浮雕，出土于原土主庙（今石羊小学内），现移至孔庙明伦堂，由 6 块汉白玉拼成，高 2.3 米、宽 4.2 米。从浮雕左下角镌刻字样可知这件巨幅浮雕制作于清道光二十年（1840 年），刊刻者是杨旭东，所镂刻内容是几百年来石羊人广为传颂的历史故事及和石羊土主有关的神话传说。这里可用前人久自荣文中的“洞庭不波、鹾使欣逢利济”“黎武坡前现旌旗以示异”“森罗殿上挂佩剑而难欺”三句话概括。

“洞庭不波、鹾使欣逢利济”描述的是清雍正二年（1724

封氏节井浮雕

年），云南盐道李卫来滇赴任，其官船行至洞庭湖遇难而被石羊土主庙神像救起的故事。它占整块浮雕上部的六分之一，其余画面则是“黎武坡前现旌旗以示异”及“森罗殿上挂佩剑而难欺”，描述的是明末张献忠义子孙可旺进军云南时，遣部将张虎兵袭石羊杀死席上珍，欲娶席妻封氏为妾，封氏为保贞节而投井自尽的故事，故此浮雕名“封氏节井”浮雕。整幅浮雕画面宏大，镂刻人物山水、花草树木、房屋器物、刀枪兵器、旗锣伞盖等，数量繁多，但层次清晰、布局得体，充分显示了当时劳动人民高超的艺术造诣，也充分反映了明清时期百羊古镇的经济、文化发展状况及风土人情，是当时石羊历史的一个缩影。

在石羊古镇入城的南门及北门各有一座南塔（又叫白塔）和北塔（又叫锁水塔），两塔遥遥相对、交相辉映。特别是南塔，高19米，是以边长为5.1米的四方形基座为基础，用砖砌成呈台阶状而中空的七层，塔身现有一棵古老的清香树绕塔环状而长，形成奇特的树包塔景观；北塔虽也为方形七层塔，但却是实心塔。两塔始建年代均无可考证，现可考证的只是南塔重建于康熙五十一年（1712年），北塔重建于康熙五十二年（1713年）。

石羊因“四山环拱，一水中分，引泸脉之精，碧象锁山源之秀”，元、明、清时，佛教、道教、伊斯兰教、基督教相继融入，故寺、庙、庵、祠、阁应运而生，其中最引人注目的莫过于“七寺”“八阁”“九座庵”。

“七寺”，即观音寺（现存）、龙泉寺（遗址在观音寺上约百米处）、圣泉寺、宝莲寺、天台寺、龙吟寺、寿福寺；“八阁”，即文殊阁、玉皇阁、雷祖阁（玉皇阁左侧）、锁水阁、观音阁、魁星阁、齐云阁、王母阁；“九庵”，即一滴庵、水月庵、准提庵、老君庵、圆觉庵、心造庵、甘露庵、妙华庵、大士庵。

石羊因盐业而兴，自汉代制盐，商贾云集，车水马龙。风雨桥上，各方人士聚集；骡马驿道，盐贩络绎不绝，日久年延，便走出了闻名于世的南方丝绸古道。

以石羊为中心，以运盐为主的大姚古丝绸之路骡马驿道的兴盛是因为这里盛产食盐。食盐是人类社会不可缺少的生活物资，在历代社会经济中占有重要地位，是历代王朝重要的财源之一。历代封建王朝均对食盐的生产和销售严格控制，实行专卖，征收盐赋。加之新中国成立前食盐生产水平低，运输落后，盐赋高，又是生活必需品，销量大，商家为获暴利，操纵盐市，导致盐价昂贵，修通驿道自然成了商家和封建王朝的必然选择。同时大姚石羊地理位置好，地处川滇交界。西南丝绸之路经过石羊是历史的必然。没有食盐就没有历史上的西南丝绸之路，食盐是大姚西南丝绸之路骡马驿道的灵魂、纽带。

独特的高山河谷地质自然风貌，形成了独特的以骡帮马驮

为主的运输形式。

食盐是骡马古道兴盛的关键商品。

在这样的历史条件下，石羊成了西南丝绸之路上的一个古镇、名镇，古镇也因食盐而得白盐井、盐丰之名。从自然村发展为镇、为县，使中原文化沿西南丝绸之路传入，儒文化传入，孔子铜像落户石羊。西汉至宋，白盐井属大姚户所，隶属于大理户府，由大理国统辖。食盐民煎民销，运盐马帮兴望。元朝至元三年（1266年）置白盐井税官，主管食盐统购和专卖，实行“灶煎官收，商运商销”，销量达十余万斤。明朝洪武十五年（1382年）置白盐井盐课提举司，隶属于姚安军民所。清初白盐井属姚安府，后改隶属云南盐政巡抚，仍置盐课提举司督煎、督销、缉私、征榷等事。民国三年（1914年）置盐丰县，地方政权与盐政分治，盐场隶属省实业公司，实行官专卖制、民制官收、官运官销。1950年1月5日盐丰县解放，盐丰县人民政府接管了白盐井场务所及其盐场，1958

年 7 月大姚、盐丰两县合并为大姚县。

全县到 1940 年前没有一公里公路，仅有驿道。长期以来盐商云集于白盐井，有专门以运盐为生的运盐工和马帮。马帮由许多户组成，把自家养的骡、马聚集起来，自愿组“帮”，以运盐为主，经营运输业。人背马驮的运输方式，基本适应了当时落后的产盐水平。这样的马帮式运输长达一千多年。

地方官吏和盐商，马帮为了自己的利益兴修驿道运输食盐。最早在秦昭襄王二十二年（前 285 年）开始修驿道，236 年越嶲郡太守张嶷开通旧道，复古亭驿，古驿道初步形成，与西南丝绸之路连接。明朝地方官吏加强了对驿道的维修，使通往大姚、姚安、宾川、永昌、永胜、昙华、三台、永仁及四川与中原的驿道畅通。

自汉凿井取卤煎盐以来，中原客商沿南方丝绸之路，云

❶ 行走古驿道

❷ 桥头哨驿道桥

孔庙一角

集于白盐井区，商业贸易十分兴盛，逐渐成了川滇通往印度的咽喉重镇和集市贸易区。清末民国时期，每天进出白盐井地区贩盐的客商有两百多人次，随行马骡五百多匹，客栈、小吃店、马店十分兴旺，形成了转运白盐的西南丝绸之路、石羊古骡马驿道。

第一条古驿道，南方：从白盐井出发过圣泉桥、上大西关、白林寺、大石桥到杨家箐，桥头哨、人头关、密林庄到祥云，马拉地、米甸、云南驿、和甸到大理漾濞、保山、芒市，出国到缅甸、印度。今圣泉桥、桥头哨虽经风雨仍在，杨家箐五百多米青石板驿道路上马蹄印历历可数。密林庄马店、石羊镇马店至今保存完好，密林庄一位八十多岁的老妇谈起当年从自家门前走过的马帮如数家珍。

第二条古驿道，南方：从圣泉桥到杨家箐、密林庄后向左出左门到官屯、姚安、楚雄，再上昆明。

第三条古驿道，东南方：从石羊黎武一滴庵、大桥、凉桥、白鹤、七街、光禄到姚安，再上昆明。

第四条古驿道，西方：从石羊到三岔河、宾川、丽江、中甸（今香格里拉），到西藏。

第五条古驿道，北方：石羊上赤石岩、昙华、白油地、桂花、中和、渡口，四川会理、西昌、凉山、成都，通往中原。

第六条古驿道，东方：从石羊、黎武、黑箐垭口、大姚、龙街、新华到元谋。

六条西南丝绸之路古驿道形成了纵贯东西通国外、横穿南北上中原的通道。石羊孔庙，南北二塔，七寺八阁九座庵，二十四座风雨桥，古盐井、晒盐篷、哨所、驿道、马店、青石桥上的马骡印，一一见证了这一辉煌的历史，沿途民间无数的传说，以口头文学记载着这条丝绸路上的风雨。

当年诸葛亮南征也经过这条被称作灵关道的骡马驿道。如今三姚之地上现在还有诸葛营、诸葛洗马塘、武侯祠。

灵关道，有称西夷道或牦牛道，建元六年（135年）汉朝在开南夷道的同时"邛筑之君长南夷与汉通，得赏赐名，名欲原为内臣妾，清夷比南夷，天子问相如，相如曰：'邛、筰、冉、駹者近蜀道亦通，秦时尝通为郡县，至汉兴而罢，令诚复通，为置郡县，愈于南夷。'天子以为然，乃拜相如为中郎将，建节住使，副使王然于，壶充国，吕越人驰四乘之传，因巴蜀吏币物以赂西夷，至蜀，蜀太守以下郊迎，县令负弩矢先驱，蜀人以为宠，于是……司马长卿便略定西夷、邛、筰、斯榆之君皆请为内臣，徐边关，关益斥，西至沫、若水，南至为郡，通灵关道，桥孙水以通邛都"。这就是汉武帝时司马相如主张开通灵关道的情况。从今天的成都出发，经双流、新津、邛崃到雅安，向南经汉源，过越西到达西昌，南行会理，渡金沙江过蜻蛉（大姚）、弄栋（姚安）、祥云到达叶榆（大理），与五尺道汇合，一条到保山、腾冲通印度，一条往丽江、中甸（今香格里拉）到西藏。这是云南西北部一条极为重要的交通要道，而且是内地到成都、到昆明最直的一条线路，江多、山高、箐深，道路不如五尺道，以马帮、牦牛驮运为主。后来云南的茶叶、盐的兴盛，缅甸、印度对中原瓷器、丝绸的需求量大，商业的兴起，大量的马帮行走在这条路上，形成了著名的西南丝绸之路、茶马古道、盐马古道。

古盐道的兴盛，也随之发展起一股专以抢劫马帮为生计的流动的土匪。为保证道路的畅通，保护官方和民间马帮的利益和安全，汉朝以来在这条道路上设了哨所、驿站，最有名的就是元谋江边的江驿、金沙巡司、云南驿、杨坡哨、里堡哨、届前哨、六关哨。在元谋过龙街、大姚这条灵关道上就有芦头哨、河底哨、里堡哨、庙前哨、哨顶、六关哨。到清道光县志载，里堡哨还设有两名哨丁。徐霞客就是沿着这条灵关道，从金沙江边的江驿、芦头哨、设甸、龙泉、里堡哨、庙前哨过大姚、姚安、祥云到达大理、腾冲，完成了考察云南的最大愿望。

1638 年农历十二月初一，徐霞客住在元谋县元马镇东郊的官庄，同行的还有悟空等几个僧人和雇来的仆人。

十二月初六，从元马镇东郊的官茶房过炉头坝（今新华）朝大姚走去，渡过大沙河，考察了土林，走过黔府官庄、沙河箐，来到炉头坝，在今天的新华一家草庐人家投宿住下。

十二月初七，从炉头坝爬过石碑山梁子的乱石冈，从西北坡下，来到了夹在两山之间的龙街河边的河尾，这是徐霞客第一次踏过龙街河边，也是最后一次。游记中写道："由岭岸最高处西转而下，逶迤曲折，下四里，复从冈上西北行，忽见冈左右复成溪而两夹之，其溪流分大小，平行冈上二里，即从其端下，西渡大溪（龙街河）。"徐霞客从龙街河南岸的下河底村前走过，在往日马帮歇脚做饭的大平掌，用三个石头架起灶生火做饭。走了一公里多，来到了同样在龙街河南岸的上河底村，徐霞客称他们为"夷村"。当我们来到这个村考证时，描写的村子地形、彝族，与当年徐霞客描述的一模一样。当地八十岁的老同志杨家禄还能记起村前马帮当年的情景，每逢街天多的有一百多匹、少的有十多匹马的马帮来来往往从村前叮当、叮当地响着铃，唱着赶马调走过。已记不得徐霞客从村前走过的事，当我们读起徐霞客记录下河底村的文字时，老人很惊奇，徐霞客描写得精准，和 378 年后的下河底一模一样。我的祖奶奶也是从上、下河底普家嫁到我们起家的。当年奶奶说领我回祖奶奶家，因为小，没有去成，长大了又一直读书、工作在外。这次因追寻徐霞客之路，终于还了一个愿，来到了徐霞客走过的我祖奶奶家的村子。

徐霞客吃过用龙街河水煮的龙街米饭，顺龙街河岸的山脚而行，对上河底对面到白夷村的几条小溪和沟都做了精准的记录：“西行三里，一溪自南峡来，路亦随南转。稍下，渡西来小水，从南坡西上，二里逾其坳，西北下一里，下至壑中。其壑南向，而大山环其北，又有小水东南流，当亦下大溪者，而大溪盘其东南峡中，不见也。”

徐霞客走出上河底，来到石坝河，看到了广大的设甸坝子，龙街河由西向东而来，冲破石坝河峡壁向东流去。回头望望走过来的上、下河底，河在峡谷中像隘口一样什么也没有看到。从设甸坝子的北边向西边走去，从白夷村前走过，来到了用砖铺成的设甸街子上，看得见设甸对面的凤夷村，来到了很古老的大村子，了解到的是广西做大官的李家世居之地。看到了天池庵背后的马盗海梁子山，看到了从大龙箐流出的设甸小河。停留在设甸花桥上休息一会，向西行二里，顺着老尖山脚，龙街老医院对面的马帮路上，我们考察了从小海子桥到现在大石桥新桥一段龙街河两岸的景观，和徐霞客描写的大体一致。游记载：“（大舌甸村）二里村其西垂，则大溪（龙街河）自南捣其麓，乃逾堰东向，其麓为水所啮，石崖逼削，几无置足处，历堰之西，上流停洄，自南而北，路从其西，转而南入峡，又行南峡一里余，则有石案一对，东西跨流上，是为独木桥。”

《徐霞客游记》记录：“桥侧有梅一株，枝丛而干甚古，瓣细而花甚密，绿草朱蕾，冰魂粉眼，恍见吾乡故人，不若滇省所见，皆带叶红花，尽失其‘雪满山中、月明林下’之意也，乃折梅一枝，少憩桥端。”

赏过梅花，从一个小坡上向西才走了半里，徐霞客看到了“南北宽大，东西走向，龙街河流淌在其中的仓屯坝子”。

在坝子北面的山脚走了一里多，徐霞客来到了一个村子，在仓屯坝子北边山脚下的独木桥村（今天的永胜桥村）。村中有一个坐北朝南的法慧寺，几位从京城来的僧人把徐霞客一行的雇仆和僧人迎接到了法慧寺吃饭、住宿。这一天徐霞客一行走了 40 里路，徐霞客在游记里没有写一个累字。

❶ 马帮盐运（雕塑）

❷ 开井节取盐

1638年十二月初八，龙街冬天的早晨很冷，徐霞客早早起来，看着仓屯坝子和龙街河，还想体会下这里的黎民百姓的生活。雇来的仆人旧病又复发，近日苦累地行走了几天，走了一里多，来到水井屯的龙泉寺里，被这儿的美景迷住了，就住下来在龙泉寺休憩了一天。

1638年十二月初九，又是一个艳阳初升、寒气渐散的早晨，龙泉古寺的晨钟刚刚敲响，大殿前的半圆池上还飘着水汽，徐霞客就早早起来了，同行的僧人一起和他向寺里的长老告别后就顺龙街河大姚方向步行而去。徐霞客走了两里路来到了仓屯桥，徐霞客对桥有一种特殊的感情，把对仓屯桥的特别感受写进了游记里。

又走了二里半，徐霞客来到了美泗村峡口，这里实在太美了，一条古骡马盐道从村中间走过，村里还有一口清甜的古井。马帮队伍一定要在这里喝上一口井水才会向前行的。井边还有一个过街楼，楼下古石板路按秦五尺道而建，宽五尺，楼上住人，想必是当年哨卡人员的住所，真可谓一夫当关，万夫莫开了。水井的上方是一幢顺山势而建的民房，三层高，一主二厢一照壁的大院足以证明当年的繁华，还有美泗村这个古老的名字，说明这里还是有文化的。徐霞客匆匆而过，怕被这里的美景、美女迷住，在游记里留了个暗号“泗峡口”。继续向西行走了五里，来到哨冲，《徐霞客游记》里记为“王家桥，有小水北来”。行了五里，来到小板桥，《徐霞客游记》记为“孚众桥，有西北、西南二小水”。向西南从里堡哨门前走过，这又是我过去祖上的田房，起家祖上世袭在这里任哨丁，清道光县志上也记载“里堡哨哨丁二名”。起家的家谱也记录了这一史实。徐霞客向我们祖辈哨丁说明情况后就向西边的山上走去了，十里上到达山顶，走到了龙街有名的大坡头上。到了庙山营，就下大坡到了庙前哨，西下二里到了金家地，北上一里到了相子坡，走出峡谷，到了厂房。向西走了五里半，到了新坝屯。过了新坝桥，走了四里，到达大姚县东门。在县城走了半里，在县城南门水井处的一家旅店住下，了解古盐道上的风土人情。

徐霞客走后，这个灵关道上的盐丰一直传说着徐霞客的故事。

至今存在孔庙中的“封氏节井”浮雕，记载了云南盐道李卫从京城沿丝绸之路、大姚古驿道来滇赴任，途经石羊的惊险故事。

庆丰井

红军长征也沿西南丝绸之路来到石羊，北上中原。

自民国二十九年（1940 年）大姚县第一条公路西昌到祥云公路全线修通至今，全县修建了四通八达的公路网，西南丝绸之路上的六条古驿道已成历史，但它在历史上对大姚的贡献功不可没。在建设民族文化大省、文化兴县的今天，其价值不可低估，但唯一缺的是宣传和开发，使它为我们今天的生产生活再服务，带来益处。

直到今天，这条大姚古丝绸之路传说着 21 座风雨桥。石羊镇方圆不过十里，竟有桥 30 余座，其中风雨桥就有 21 座，由南到北依次是通济桥、文殊桥、演武桥、彩虹桥、迎峰桥、环龙桥、风水桥、太平桥、宝泉桥、文峰桥、五马桥、龙吟桥、佛惠桥、行春桥、霁虹桥、圣泉桥（又名清水桥，现存）、聚宝桥、万安桥、文焕桥、锁镇桥、采香桥。

盐丰古驿道的历史是不容忘的，特别是在这条古驿道上走南闯北的赶马哥们，他们不想让这段历史被遗忘。徐霞客把它写进了游记里，赶马哥的赶马调记录着他们在这条路上经历过的酸甜苦辣，一直在这条路上传唱。

莘莘学子来祭孔

始建于明洪武元年（1368 年），于明万历三十七年（1609 年）重建，清道光二十三年（1843 年）又复修完善的石羊孔庙，建筑朱梁画栋，工艺精湛。在孔庙铸孔子铜像一尊，供于石羊孔庙大成殿内的孔子铜像，高 2.3 米，重 2.5 吨，头戴琉璃玉冠，手执象牙朝笏，正额端坐，慈润祥和，堪称做工最精湛、保存最完整、历史最悠久、体积最大的孔子纯铜像。

石羊镇距大姚县城 36 公里，距大理祥云县城仅 65 公里，是楚雄州通往大理州祥云、宾川、大理的重要出口。石羊是千年盐都、祭孔圣地、文化名邦，是云南省 1995 年首批命名的三个历史文化名镇之一，也是云南省 60 个特色旅游小镇之一。

孔子被历代文人学子奉为先师，石羊的孔子铜像受到各地文人和学士朝拜。过去，祭孔是石羊一项隆重而庄严的祭祀活动。明清时期有春秋二祭（农历二月、八月），清末后只在农历八月二十七孔子生日祭孔。祭孔的参加人员、仪式、衣着、赞礼、读祝文的腔调、步伐等都有严格的规定。

从 2006 年，大姚石羊恢复了农历八月二十七的祭孔活动，每年前来参加祭孔的各界人士和学生达万余人，石羊古镇的祭孔活动已经成为一项重要的节庆活动。

孔庙坐落于石羊镇象岭山脚下，始建于明洪武元年（1368 年），于明万历三十七年（1609 年）重建，清道光二十三年（1843 年）又复修完善。整个孔庙占地面积 6584 平方米，建

孔庙大门

筑面积 1616.8 平方米，由大成殿、名宦祠、忠孝祠、乡贤祠、黉学馆、朱子阁、仓圣祠、明伦堂、东庑、西庑、大成门、泮池、月拱桥、照壁等建筑组成。整个建筑格局采用中国古代宫殿衙署的庭院式布置，讲究纵横轴线，突出主体建筑，两侧对称排列次要建筑，形成一组颇具规模的建筑群。大成殿门头有乾隆、康熙等清代皇帝所题的“万世师表”“与天地参”“圣集大成”等匾额，红底金字，光彩夺目，殿内供奉有孔子铜像。1997 年 4 月，孔庙被中共云南省委、省人民政府确定为省级爱国主义教育基地。2005 年以来，县委、县人民政府铸造了朱熹、孟子、仓圣公铜像。孔庙的建筑工艺十分精密。殿堂的柱子多为椿木、楸木，拱桥、石柱、围栏多用大理石雕饰，殿顶皆系黄、蓝、绿三种颜色的琉璃瓦饰盖，其门、窗、檐、屏，皆雕有龙凤狮虎、花鸟虫鱼、日月风云，工艺精湛，栩栩如生。

大姚石羊孔庙中的孔子铜像是迄今为止中国最大，也是保存最完整的铜像。清康熙年间，石羊提举郑山主持孔庙的修复建设时，曾专程从昆明请来名扬滇中的铸士杨维伦，历经九年，铸成孔子铜像，置于大成殿内。铜像高 2.3 米、重 2.5 吨，全身贴金。金身的孔子铜像，正额端坐，神态肃然而又不乏慈瑞祥和，似乎向人们诉说着石羊过去的辉煌和文明。以入世精神教育后人的儒家学说，贴近人们生活的方方面面，是一种“在朝”的思想学说。因而供奉圣贤、传播圣贤之道的殿堂——孔庙，成为石羊古镇热闹繁华的标志性建筑，成了莘莘学子朝拜的“殿堂”。孔子的思想和儒家文化，在这里得以传承和发扬光大。

岁月沧桑，时代变迁。千年盐都石羊因盐而兴，时至今日，盐带来的繁华留在了史书中，留在了老者的记忆里。但石羊因为有一尊全国最大的孔子铜像而没有沉寂，并出现了新一轮的繁华。每逢节假日，到石羊“祭拜先圣孔子”的人越来越多，带着家中即将升学的孩子到石羊孔庙上香求愿已成为父母们的心愿，饱含着父母对孩子的期望，对文化巨人的敬仰和崇

石羊孔庙

❶ 观音寺

❷ 祭孔大典

拜，以及对知识的崇尚。

一个已辞世 2500 多年的人为何能引起后人的顶礼膜拜？带着对圣人崇敬的心情，人们努力寻找着圣人的人生足迹，寻找着孔子文化。

孔子是春秋时期的鲁国人，是我国古代最伟大的思想家、教育家，及儒家学派的创始人。

在孔子去世后的一周年纪念日，鲁国把孔子的住宅改成了庙宇，弟子们凑集并整理摆放好衣冠、琴书、车仗等孔子生前日常用品，在国君带领下，到孔庙为孔子举行了第一次祭祀仪式，并宣布：从今以后，每逢重大节日都要在孔庙举行祭典仪式。此后，祭拜“先圣孔子”的活动便一直延续下来。

据《续修白盐井志·典祭篇》载，石羊的祭孔习俗前后持续了 570 多年。新中国成立前最后一次祭孔是 1948 年，随后就停止了。

对于过去石羊祭孔活动的具体过程，肯定不同朝代和时期会有差异，由于缺少文字记录，很难了解。

欣慰的是，原在大姚二中任教的张国信老师于 1948 年正好亲历了新中国成立前这一年石羊的最后一次祭孔盛典。他在

学子走过状元桥

《石羊祭孔习俗》一文中详细描述了当时的盛况，史料弥足珍贵，今天读来犹如身临其境。当时孔庙专用的祭器和乐器已很齐全，乐器有十多种，祭孔时一人演奏一种乐器，每种乐器的排列都有固定的次序和位置，演奏的是儒家专用祭孔的乐曲和乐章，悠扬和谐，十分动听。祭器也有十多种。种类繁多的肉食、果蔬、饮用祭品按照规定盛放在不同的祭器中，而盛有祭品的祭器和摆放位置也有严格规定，琳琅满目，颇为壮观。

据《石羊祭孔习俗》一文描述：祭孔盛典于农历八月二十七举行，是日为孔子诞辰。先期做好各种准备，设主祭一人、陪祭二人。清时，由提举为主祭，民国时期由县长为主祭。陪祭多选德高望重的耆老乡绅担任。民国时期陪祭中的一人有时也请盐场场长担任。其他参加人，清时必须是考取过功名的人才有资格参加。民国时期，县政府的科室人员、中学和小学教师也可以参加了。

铸造时间最久远、体积最大、保存最完整、工艺最精湛的孔子铜像

这天清晨，参加盛典的人们，包括主祭和陪祭，都聚集在棂星

门一带。典礼开始，由赞礼者按程序唱呼进行，当唱呼主祭、配祭就位时，才由向导引领分别进入大成殿，站到各自位置上，其他人只能在棂星门参加典礼。先由乐工们起奏，接着诵唱者、演奏者紧随跟上，奏响了祭孔乐曲，把典礼推向高潮。第一章昭平之章演奏完毕，进入三跪九叩大礼、献爵、献馔、献帛、献祭祀食品、诵读祝文环节。祝文是一篇颂扬孔子、对仗工整、四（六）言句的骈体文，由赞礼者用高亢抑扬的腔调连唱带诵，风格独特。

那年的《祭孔圣文》今天仍然有极高的文献价值，全文如下：

维

某年岁次XX，X月X日，后学XXX等

谨致祭于至圣先师之前曰：

道贯古今，德配天地。万世千秋，深仁大义。

翳维至圣，集而大成。礼明乐备，玉振金声。

一德心传，生民未有。教宣杏坛，斯文在兹。

春秋享祀，黍稷维馨。无分南北，逢此上丁。

旧典难忘，乐章迭奏。肃我冠裳，傧我笾豆。

大哉圣德，民无能名。升堂入室，终和且平。

稽首威仪，必诚必恪。泽及万民，颂声同作。

跄跄济济，将事庭燎。两价舞羽，佐以笙箫。

敬布祝词，书之方册。神之听之，来歆来格。

这些仪节完毕，再行一跪三叩礼，宣告礼成。最后一项重要内容是分胙肉（祭祀时供神的肉），由执事人员将祭祀用过的牛、羊、猪，按参加盛会的人，包括乐工、勤杂人员，每人分送一份。领胙肉者并不计较数量的多少，因为是至圣先师受用过的，能分享到一点，就意味着沾上了孔老夫子的福气。

直到2006年10月，这一传统习俗得以重现。县委、县政

府组织了规模盛大的“2006 年中国 · 大姚石羊孔子文化节”，并决定将这一体现中华文化传统的仪式继续举办下去，打造石羊祭孔圣地的地位，让子孙后代从中受到教育和熏陶。

社会在发展进步，今天石羊的祭孔典礼无论在形式和内容上都与过去有了很大的不同，体现了鲜明的时代特色。

大姚 · 石羊祭孔大典隆重、简洁、大方。这里记录的是某一年的祭典活动，活动时间是上午 10:00~10:30，地点外场在石羊文庙前的广场上，内场在文庙内。给参加者留下了很深的记忆：

这年的 9 月 28 日，石羊古镇天气晴好，蓝天白云辉映着古镇的山水、特色民居。石羊文庙前的广场干净整洁、彩旗飘扬，广场上方的背景墙清新醒目、庄重大方。来参加的人们着装端庄，脸上透着喜庆和神往。石羊文庙内安静肃穆，苍翠的柏树上挂着许多黄绸。整个场景给人一种强劲的震撼力和感染力，瞬间身心就融入了弘大的气场。

上午 9:30~10:00，在暖场音乐《大同颂》中，礼仪人员在入口处给嘉宾和领导佩戴黄绸，引领嘉宾和领导到指定位置站好，参加的上千名学子也在指定位置站好。9:55 主持人到达舞台左侧指定位置。10:00 主持人准时登台并宣布大姚 · 石羊祭孔大典开始。随后主持人指挥乐鼓击鼓，鼓停后，主持人介绍了应邀参加大姚 · 石羊祭孔大典的领导和嘉宾。介绍毕，广场上响起了热烈的欢迎掌声。接着大姚县石羊镇人民政府镇长致辞。致辞毕，内外场同时播放《大同颂》，礼仪人员引领领导、嘉宾及参祭人员依次进入

石羊孔庙

文庙祭拜先圣孔子。

进入文庙后，主持人到天子台站好，内场开始播放暖场音乐《大同颂》，等所有领导、嘉宾和参祭人员站好后，主持人示意止乐。接着主持人用清晰洪亮的声音说道：岁次癸巳，序属仲秋，时逢中国最伟大的思想家、政治家、教育家、儒学创始人孔子诞辰 2564 年，我们相约在大姚石羊文庙，恭祭夫子诞辰，缅怀孔子圣贤。集中阐释和衷共济、讲信修睦的儒家思想和理念，汲取孔子思想和儒家文化精髓，构建具有时代特色的伦理道德和核心价值观，共建和谐盛世的美好家园。下面，让我们满怀崇敬之情，敬奉五谷、鲜花和雅乐，恭祭我中华至圣先师。

祝愿——孔学绵延，华夏复兴。洋洋儒教，与时偕行。

政通人和，德能常青。家睦国安，世界和平。

鲲鹏展翅，巨龙飞腾。神州一统，天下文明。

接着由大姚县第二中学校长诵读尊孔祭文。祭文如下：

癸巳金秋，清风送爽；五谷丰登，香水荡漾。适逢孔子诞辰 2564 周年，特敬备鲜花雅乐，恭祭于石羊文庙大成至圣先师之位前：

悠悠千古，天地人文；百花争艳，孔林长尊。
仁义共举，诚信并称；忠孝廉节，修齐治平。
重教兴邦，九州垂训；涵濡品格，四海同钦。
述论昭昭，万世传诵；化雨丝丝，百代寻踪。
东方哲圣，旷世宗师；德承今古，道流于兹。
石羊边地，儒学久兴；孔庙矗起，实肇于明。
文献名邦，英才辈出；教敷门墙，桃李盈株。
四方和谐，风俗淳厚；百业俱进，气象日新。
当此际也，先圣可慰；泱泱中华，雄振国威。
吾华虽祥，世事纷纭；居安思危，匹夫有责。

今者吾侪，仰望先圣；教泽有本，文化为根。
典籍彰彰，弦歌宁绝？苍天朗朗，生民不息。
民族精神，传扬广大；造福桑梓，复兴华夏。
继往开来，任重道远；遥视先师，表此誓愿。
敬伸三献，祈灵瑞降；鉴我微衷，伏维尚飨！

诵读尊孔祭文毕，在小声播放的《大同颂》音乐中，5 名学生代表参祭人员前往大成殿向孔子圣像敬献“五谷”，相关领导和嘉宾前往大成殿向孔子圣像敬献花篮。接下来，全体学子肃立、脱帽、正衣、静默，并向孔子铜像致三鞠躬。礼毕，主持人说：穿越 2564 年的时空，我们仿佛听到了大师的教海，让我们用共同的心声表达对先师的敬仰！

接下来由一名老师带领千名学生及全体参祭人员诵读《论语》章句。诵读毕，主持人说，朋友们，让我们共同祝愿：天下志士事业有成，中华文明四海流芳，文化大姚和谐兴盛，各位来宾福瑞吉祥！

至此，祭孔大典结束。参加大典的领导、嘉宾、学子经东庑殿、仓圣宫、黉学馆出文庙，到盐文化博物馆、晒盐篷参观取卤仪式及传统制盐活动。

学子祭孔

金马碧鸡发源地

相传，西汉年间，在西南夷的蜻蛉县禺同山（今大姚紫丘山）有金马碧鸡神，当地的人们频频看见这种景象的出现。金马碧鸡神出现的时候光彩夺目，非常漂亮、非常震撼。汉宣帝得知后，认为是吉祥之兆，便派使节前来当地求拜……这个美妙的传说流传下来，大姚成了云南著名的金马碧鸡之源。

白塔湖

每天清晨，沿着小南河边步行，欣赏着河边的绿化带，赏心悦目的心境油然而生。桂花香味还在，樱花已开出红艳的花朵。昔日杂草丛生的小南河被建设成潺潺流水，绿树成荫，曲径通幽，一步一景。白塔湖边，人们悠闲地游玩，河边绿荫石凳上，常有老人在那里晒太阳。小南河、白塔湖成了休闲、惬意的代名词。白塔天梯满足了人们城中登山、锻炼身体的愿望，每天来登天梯的人真不少。特别是新年第一天，人们带着美好的祈愿来登梯，寓意今后人生步步登高，登高望远。登上白塔山顶，俯视大姚县城，只见白塔湖波光粼粼，核桃文化产业园焕发着勃勃生机，这座城市一天比一天建设得更加美丽迷人。

大姚县城所在地叫金碧镇，金碧名来源于“金马碧鸡”的传说。据史书载，大姚“金马碧鸡”的传说源于汉代。汉元鼎六年（前 111 年）汉武帝为了开发西南夷，派兵从巴蜀南下，攻占了西昌等地，在这一带设置了越嶲郡，在大姚地区设置了蜻蛉县，隶属越嶲郡管辖。当时，就有方士向汉武帝讲了蜻蛉

❶ 金马牌坊

❷ 碧鸡牌坊

禺同山出现了“金马碧鸡”祥瑞的事，并对奇观做了绘声绘色的描述。崇信仙道的汉武帝听后着了迷，潜心向往那“毛色青翠，破石而飞，啼声清长远传数里”的“碧鸡”和那“倏忽腾空”的“金马”。并用大宛马做模特，用铜铸造了“金马”立于鲁班门外。还把鲁班门改名为“金马门”。十多年后，他的孙子刘洵当了皇帝，是为汉宣帝。神爵元年（前61年）派谏议大夫王褒持节赴蜻蛉祭请“金马碧鸡”。王褒奉命踏上蜀道，写下《碧鸡颂》和《移金马碧鸡文》。王褒入川境不久就患病身亡，客死西南。《碧鸡颂》没有流传下来，仅留下了《移金马碧鸡》文：“持节王褒，谨拜南崖，敬移金精神马，缥碧之鸡。处南之荒，深溪回谷，非士之乡，归来归来！汉德无疆，广乎唐虞，泽配三皇。黄龙见兮白虎仁，归来归来，可以为伦。归兮归兮何事南荒也！”

清代道光年间，大姚知事黎恂主持重修《大姚县志》。祖籍大姚的翰林院编修刘荣黼主笔，他认真考证大姚史事并加以记载，“金马碧鸡”才又重载史册。并据《汉书》考证，认为大姚城东的紫丘山就是史籍中提及的禺同山。传说蜻蛉禺同山“金马碧鸡”光影倏忽的奇观出现，“金马碧鸡”在人们心目

1 葡萄丰收

2 七彩丝绸厂

中成了祥瑞之神。

东晋史学家常璩在《华阳国志》中记述了蜻蛉“金马碧鸡”的传说后，同时也记述了昆明“滇池驹”的事。内容如下：滇池县，郡治。故古滇国也。有泽水，周回二百里。所出深广，下流浅狭，如倒流，故曰滇池。长老传言池中有神马，或交马，即生骏驹，俗称“滇池驹”日行五百里。有黑水神祠祀。唐咸通年间樊绰《云南志》（又称《蛮书》）中，将滇池东西两端的山分别叫作金马山和碧鸡山。明朝统治者平定云南后，滇中乡亲在昆明大南城门外建起金马坊和碧鸡坊，并把两坊所在街道命名为金碧路，从此，“金马碧鸡”成了昆明的象征。

“金马碧鸡”是一种吉祥的象征，人们都向往这样的吉祥降临自己的家园。

大姚南永公路边建有两座城门，南城门名“金马”，北城门名“碧鸡”。史书里记载的是金马碧鸡神影的出现，如今的大姚，仅县城就有书写不尽的风华。

金碧文化广场、白塔文化广场、白塔湖边等到处呈现载歌载舞的喜庆景象，大街小巷到处充满了欢歌笑语。说起大姚县城日新月异的变化，有谁不啧啧称赞？

大姚的蓬勃发展，不正像金马腾飞、碧鸡起舞吗！

大姚——“金马碧鸡”的故乡正焕发神彩。

唐代白塔屹立

"奇绝云烟飘渺间，飞出一枝磬棰塔。塔影凌空倒入城，城中缕缕暮烟生。"刘荣黼的《大姚山水歌》中这样描写白塔。走进大姚县城，可见到城西、东、南有三座古塔矗立山冈上，静静守护着城池。塔是一种文化、一种艺术，古塔记载着文明，记载着历史沧桑。

大姚县历史悠久，西汉元鼎六年（前 111 年）设置蜻蛉县，唐朝称褒州，宋朝设扬波，元代改称大姚至今，是古南方丝绸之路和茶马古道的重要交汇地，受汉文化、佛教文化、彝族文化的影响，形成大姚特有的多元文化共生共融的文化形态。其中，塔文化是大姚诸多文化中的一朵奇葩，以大姚白塔为代表的因其特有的形制和丰富的内涵在云南，乃至中国独树一帜。

大姚堪称"塔城"，据《云南通志·金石志》载，大姚历史上曾经有 10 座古塔，均为砖石塔。大姚县城金碧镇有 4 座塔，分别是白塔、文笔塔、锁水塔、北塔（已毁无考）；石羊镇有 4 座塔，分别是石羊北塔（古时叫南塔）和文峰塔，另外 2 座已毁无考；七街锁北周冲土塔（已毁无考）；龙街塔底古塔（已毁无考）。现存 5 座保存完好。

大姚白塔在云南，乃至全国保留的众多古塔中，从它的艺术造型和建筑风格看，属早期的堵婆式佛塔。堵婆的特点是方形台基圆形塔身，但大姚白塔是经过改造后的塔，构造特殊，与佛教密宗有内在的同构关系，是我国仅存的一座造型奇特的古塔，研究以白塔

为代表的塔文化非常有意义。

大姚白塔是南诏时期所建，砖纹与大理崇圣寺塔、昆明东寺塔、西寺塔上的如出一辙。白塔是在初期石碓塔陵的基础上发展成的，具有雏形的功能，对研究早期佛教传入概况提供了有力的证据。有人从佛教传播历史和塔砖铭文考证，认为大姚白塔是唐代佛教密宗僧人为弘扬佛法建造的经塔。

白塔位于大姚县城西海拔 1880 米的宝筏山顶，“宝筏”是佛教用语，比喻佛教之法是渡人的宝船。白塔始建于唐天宝年间，距今已有 1260 多年历史，为我国稀有的早期南诏时期砖石建筑之一。据道光《云南通志》记载：“建于唐时，西域番僧所造。” 道光《大姚县志》记载，此塔“相传天宝年间吐蕃所造”。《新纂云南通志》记载，白塔为唐天宝年间西域

大姚白塔

番僧所造。白塔通高 15.45 米，塔顶高 7.84 米，最大直径 6.26 米，佛龛高 1.75 米。顶部呈圆锥形，腰部收缩，其下基座呈八角形，为实心砖塔。须弥座高 2.5 米，下枭迭涩内收 7 层青砖，上枭迭涩外出三台，又内收三台形成须弥座。塔身八角形每边长 1.5 米，高 3.28 米，向上收分至檐口，用 14 级青砖迭涩出檐，高 0.71 米。白塔形制特殊，下为八角形须弥座，座上八角形柱挺立，渐上渐收。腰部以砖叠涩成檐座，檐座上为圆锥形塔身主体，上大底小，形如磬锤，白塔又称磬锤塔。白塔由梵汉文字砖砌成，汉字有“大佛顶”“八大灵塔咒”“十方诸佛镇塔咒”“资益谷塔咒”诸种。清朝有诗句这样赞美白塔：“孤高出尘表，四面上为宫。登临一府印，耸势如凌空。摩裟极目力，叹息非人工……”全国政协常委、文物专家罗哲文在考察大姚白塔时对白塔做了如此赞美和评价：“倒竖浮屠此独有，擎天玉柱世间无。”同时 1963 年白塔在中缅边界争端问题中起到重要作用，因此 1965 年被列为第一批云南省级文物保护单位，2006 年被国务院公布为全国第六批重点文物保护单位。

文笔塔位于大姚县南金龙洞村后挂榜山顶，密檐式青砖塔，属风水塔，始建于明万历年间，后毁，清代光绪年间重建。明朝盛行修风水塔，全国各地大兴修塔之风，大姚也不例外。文笔塔标志着这个地方重视教育，是儒家用来兴文运的一种建筑形式，同时也是

❶ 宝筏山

❷ 文笔塔

风水观念的产物。文笔塔为六方形七级青砖砌筑，砖无文饰，塔第二层西北向有高 1.7 米、宽 0.6 米的拱门，内空，有木架呈“井”字形，基座呈六方形须弥座，向上逐渐收缩至塔顶。各层周长依塔升高而逐渐减小收缩至顶，塔身各层用砖挑砌成檐，通高 14 米，高耸在城南挂榜山顶上，像一支巨笔，大有倚天铺云、写尽人间沧桑之势。当地学子每每见到此塔，油然而生敬慕前贤的感慨。保存完好，1986 年公布为县级文物保护单位，2005 年公布为楚雄州级文物保护单位。

锁水塔位于大姚县城东李湾村鲤鱼山，密檐式青砖塔，属风水塔，始建于明朝万历年间，清代重建。自明清两代开始，逐渐产生了风水塔这一独特的类型，即各州城府县为改善本地风水而在特定位置修建的塔，风水塔的出现使得明清两代出现了一个筑塔高潮，许多塔都是以风水塔的形态出现的。锁水塔为九级密檐式六方形空心青砖塔，通高 18.8 米，塔第二层北方有门，塔基座高 1.5 米，向上逐渐收缩至顶，无塔刹，有宝顶，塔檐为叠涩檐，塔身第二级起各方均有佛龛，龛为拱顶式，但无饰无佛。锁水塔震慑水怪，起“镇”的作用，以弥补地形的缺陷。该塔建造年代志书未载，但民间相传，该塔建于明代，明末清初大旅行家徐霞客曾到这里观光过。保存完好，1986 年公布为县级文物保护单位。2013 年公布为楚雄州级文

1986年，全国政协常委、文物专家罗哲文在考察了大姚白塔后曾发出了“白塔凌空出九霄，碧鸡金马现蓬瑶。古城胜迹人称赏，祝建文明步步高”的感慨。

物保护单位。

石羊北塔位于石羊镇南关外小山顶，古称南塔，因后世维修抹白塔身，故称北（白）塔，密檐式风水塔，始建于清代。塔通高15米，方形，七层，中有木柱，青砖支砌，基座四方形，塔身各层用砖砌成叠檐，呈台阶状。各层随塔身增高相继收缩成方槌至端，顶无塔刹，有宝顶。塔身各方均有佛龛。塔座东面有高1.24米、宽0.56米的石碑一块，内容为建塔碑记。该塔建造年代县志未载，相传为明代，碑记云：“庚年辛未（1691年）复颓。”康熙五十一年（1712年）重建。西方塔基座处有古树一棵，为黄梨木，树高30米，树冠直径50米，树胸径45米。清代李仙才《白塔樵牧》诗曰：“南郊风景丽，玉笋耸团山。此地苏樵牧，争相共往还。棋敲柯欲烂，笛弄韵多闲。最是夕阳里，相催渡柳湾。”保存完好，1986年公布为县级文物保护单位，2005年公布为楚雄州文物保护单位。

石羊（小北塔），又叫文峰塔，坐落于石羊镇北关采山桥东象岭山山脊，密檐式风水塔，起“兴”的作用，这类风水塔常位于水口，作为一邑之华表。按儒学家的说法，巽为文章之府，塔有卓笔之形，故称“文峰塔”。文峰塔为正方形七层实心青砖塔，塔通

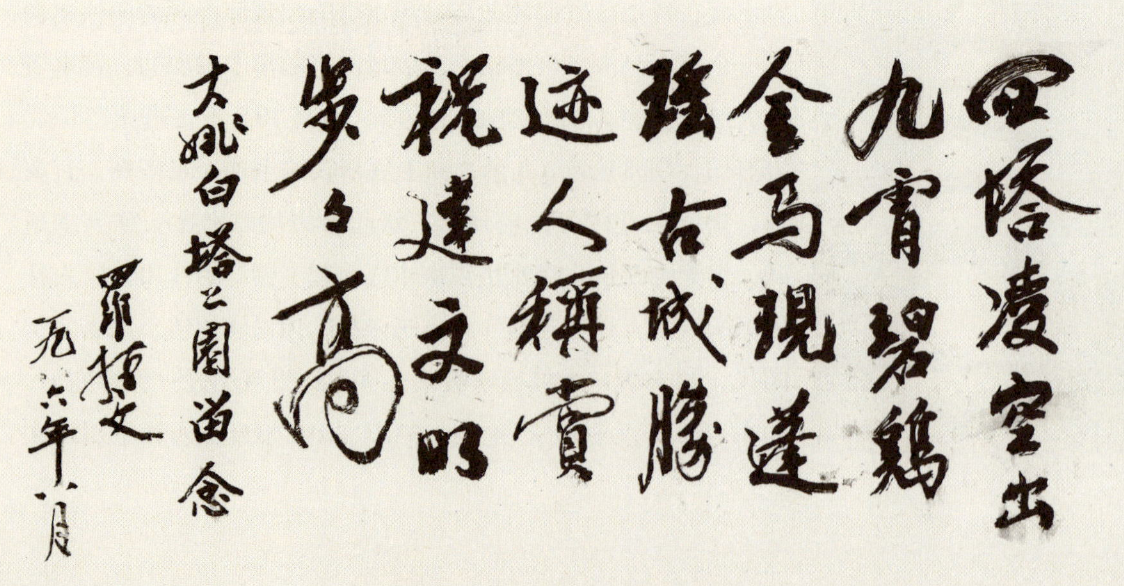

高 7.9 米，塔基高 2.8 米，塔每边周长逐层减 10 厘米至顶成为棱槌体，顶端安制宝顶。塔身第二层各方有佛龛一个，东、西、北方佛龛均无佛，仅南方有沙石浮雕佛像一尊。该塔建造年代相传为明代。清乾隆《白盐井志》记载："北塔古有之，北塔于庚午辛未年间颠颓之，八景固已缺一矣。"清康熙五十二年（1713 年），集役夫复建北塔于原基。保存完好，1986 年公布为县级文物保护单位。

白塔是众多古塔中最具历史文化价值的一座，在中国古塔群中也有自己独特的地位。白塔在藏传佛教中是灵塔，具有深刻的文化含义，是研究早期中国与东南亚、印度之间，汉藏之间，中原与云南之间的文化交流的实物例证。大姚古塔承载着大姚人民历史的沧桑、岁月的峥嵘，是本民族的纪念碑。据史记载，大姚白塔在历史上曾经经历过无数次地震，明弘治十七年（1504 年）、崇祯九年（1636 年）两次大地震，塔顶震裂三尺余，震掉了塔顶的帽子——塔刹，传说不久裂口又神秘合拢。

白塔山脚向西与现在的南永路相连处的人造湖，湖水绕白塔山脚缓缓而流，形状似弯弯的月亮，起初称之为"月亮湖"。但是，因为山上有白塔，湖在山脚，白塔与湖相辉映，所以人们还是习惯性地叫"白塔湖"。

白塔山的西南面，从白塔湖即白塔山脚到白塔山顶白塔处，建有人工造的石梯，从下而上，笔直陡峭，一共 265 级，远远望去，白塔就像空中飘落的一朵祥云。石梯与白塔相连，有青云直上、一步登天之感，故称之为"天梯"。登上天梯就是白塔山，整座山形似一艘宝筏船，又称宝筏山。白塔山

东塔

顶的白塔，是云南绝无仅有的一座喇嘛塔。在云南古塔史上占有重要的地位。此塔高耸于白塔山顶（大姚县城西的文笔峰上），塔身敷粉，在蓝天白云下，晶莹如雪，因此称“白塔”。

大姚白塔，像一位饱经风霜的老人，见证着沧海桑田的变化、岁月的变迁，也在诉说着古老的故事、美丽的神话。有三女造塔之说。

传说大姚白塔、东塔、南塔三塔之下各镇压着一个妖精，三个妖精经常出没兴风作浪，伤害百姓。三妖就是湖东的鲤鱼精、湖西的白蛇精和湖南的野猫精。三妖弄得当地人民流离失所，远近水村山郭听不到鸡鸣狗犬，千里沃野芳草萋萋。人间的疾苦感动了天地，玉皇大帝命天宫中造塔三姐妹到人间造塔镇妖，解救人间苦难，造福人间。三姐妹中，大姐老实，两个妹妹狡猾刁钻。玉帝命三姐妹在一个月明风清的夜晚，当人们熟睡后将塔造好，天明鸡叫时返回天宫。三姐妹在夜深人静时来到凡间，大姐便准备工具着手烧砖建造，可两个妹妹却投机取巧用纸来裱。当大姐正在造塔时，两个妹妹早已裱好，便想尽快返回天宫。可是天亮时辰尚早，两个妹妹便找来一个簸箕“嘭嘭”敲响学鸡叫。大姐以为天快亮了，可自己的塔还没造好，怎么办？情急之下，只好将拌灰浆的锅倒扣在未完工的塔顶上，匆匆和两个妹妹一起返回天宫交差。

过了些时日，大姐发觉上了两个妹妹的当，便建议玉帝派雷公用火烧塔，以检验三姐妹所建塔的质量。不用说，两个妹妹所建之塔一点火便化为灰烬，可大姐所建之塔只是塔顶灰浆锅烧裂爆开了一个口子，却依然耸立于山顶。玉帝知道真相后责罚了两个妹妹，并处罚她们在一夜间重新将塔造好。

三塔造好，镇住妖精，湖泊风平浪静，人们相继回到了久别的故乡，过上了丰衣足食的生活。每当旭日凌空或是满月当顶，四周山顶的三塔便会同时倒影在湖泊碧水之中，“塔映瑶池”胜境成为当地一绝。

总之，白塔是白塔山的精髓和灵魂。许多游客慕名而来，到

大姚都要登上白塔山，一睹唐代白塔的尊容。说到山之魂，就是白塔所蕴含的文化，引来无数的文化人，研究它的历史，探究它的内涵。

凡被称之为魂的东西，虽然看不见、摸不着，但总是释放出正能量，引领着人们前行，激励着、鼓舞着、牵引着一代又一代人，凝聚着积极向上的力量，传承着佛教文化。

白塔山上除了白塔，还有烈士墓、烈士雕像。这些前辈的光辉伟绩，一直传诵着，从古到今，影响着一代又一代人。

一花一世界，一叶一菩提，一佛一如来。

白塔山因为白塔赋予了佛教文化，也因为白塔山有普照寺，普照寺赋予了白塔山禅意，梵音。

整座山显得空灵、清新、厚重……

再说白塔湖，杨柳依依，湖中的水清澈见底，微风掠过，波光粼粼……

幽静的小路上撒满欢声笑语，那些笑声跌落到湖中，激起波纹，荡漾开去，一波一波地追逐着，合着人们轻快、悠闲的脚步声、笑声，有节奏地跳跃着……

微风过处，一片祥和，总能听到笑声。白塔山和白塔湖会让人想到山水之恋。山恋着水，水依着山，白塔山因为有了白塔湖，显得更加温润，增添了一股灵气，白塔湖绕着白塔山，更多了几分柔情。

❶ 石羊白塔

❷ 锁水塔

那一湾湖水顺着白塔山的山脚缓缓地流着，笑语盈盈，像一面镜子照着来来往往的人，平淡的日子多了一些惊喜与欢笑。世人说，山水之遇，最是动人心魄，一种极致的美，能够穿越千秋。

白塔湖畔，流年踏歌声，心若动，便是倾城。白塔湖边的垂柳，将所有的话语编织进悠悠绿意；湖水将心事全部投放在圈圈涟漪；阳光将柔情细语遍布在每个晨昏。或许，白塔山多年来一直在等待，等着那一湾湖水用深邃的眼眸将它读出，把它的名字挂在唇上，然后，纠结了无数个春秋的心事，便在那一湾湖水的唇间绽出，莲一般的素净、淡雅。

白塔山脚，原来是没有湖的，没有湖也就没有水，如今终于等来了一湖水，云之歌，天最知；水之阙，山最懂。从此，白塔山那个宽厚的臂膀，将揽着白塔湖这个美人，揽着春夏秋冬的柔情，将岁月走遍。

白塔湖有一片是种了荷花的，一到夏天，莲叶田田，荷花竞相开放，整个白塔湖都散发着荷花的香味，引来不少人赏荷、咏荷、赞荷。盛开的荷花，朵朵如出水的芙蓉，抬头仰望山巅那位白塔王子，多情的目光，使得蓝天白云倒映在水中，躲在荷叶下，再也不想出来。

小桥下，许多五颜六色的鱼，吸引了大人和小孩，大人常常带着小孩到湖边，买一袋鱼食，悠闲地喂着，看着鱼欢快地游来游去，心里别提有多高兴。所有的烦恼会抛之脑后，也变得和鱼一样无忧无虑、自由自在……

春天，白塔湖像一条自由自在的鱼儿，徘徊在白塔山的身边；夏天，白塔湖像一缕清凉透心的风，徘徊于白塔山脚；秋天，像一片红到极致的枫叶，怎么也飞不开白塔的视线；冬天，像洁净的那一朵雪花，仅此一片吻上白塔之巅，以温润的情怀温养白塔山的寒冷。

山绕着水，水绕着山，山水之恋，不愧是人间流传千古世人赞美的佳话。一湾湖水，只想要一世依偎在白塔山的臂弯里，唱一

首爱的恋歌。而流年缓缓，此情源远流长，平淡相依，恩爱相守，仅如此，足够。

白塔湖边，一路撒落的都是诗的语言。诗句把湖水装得满满的，在阳光的照射下，时而跳跃，时而向上升腾，飘浮到山巅，把那些柔情的话告知白塔，白塔把它告知云朵。然后，人们追逐着那些美好的祝愿，寻找到天梯，顺着天梯，拾级而上。

白塔山本来是没有天梯的，通过能工巧匠的手，如今，天梯出现在世人的眼前，如梦如幻，却又真实地存在。天梯的建成，成了白塔山的又一景观。攀爬天梯，具有一定的挑战性，不是每个人都能实现。天梯不但有成人之美之意，还有天地之合之说。

一座塔，一湖水，一天梯，就把古今文化融合在一起，意义深远，内涵丰富，无不彰显出她独特的魅力。

大姚县城

红色文化记忆

大姚地处云南省北部偏西，素有“三乡露铜”“五井喷盐”“文化名邦”之说，文化名邦大姚历史悠久、人杰地灵，具有光荣的革命历史，是中共云南省地下党早期领导人赵祚传烈士的故乡。在艰苦卓绝的革命斗争历程中，大姚人民为争取民族独立和民族解放进行了百折不屈的英勇斗争，先后有许多仁人志士为之献出了宝贵的生命。

在云南的近代史上，大姚是中国共产党开展地下革命活动较早的地区之一。风光如画，蜿蜒流淌的蜻蛉河畔，一代又一代的革命人士，在这块土地上流过血，建立了不朽的功勋业绩。而赵祚传是最早最为灿烂的一束革命火种。早在1926年，大姚籍人士赵祚传在南方加入了中国共产党，后成为中共云南省早期领导人之一，曾任中共云南省特委委员、临委委员、特委书记。1929年3月29日，在国民党反动派的白色恐怖下，赵祚传回乡为党筹集革命经费，不幸被捕，在大姚县城惨遭杀害，年仅26岁。1936年4月18日至20日，中国工农红军长征过大姚，经过4个乡镇，行程近百公里，播下了革命火种。抗日战争时期，在滇军血战台儿庄战役中，大姚籍八百将士奋勇杀敌，威名远扬。1947年，大姚地区爆发了反蒋武装斗争。1949年，中共滇西工委在大姚成立了三姚党支部，开展了革命斗争，1949年12月18日，大姚和平解放。在抗美援朝和中国南方边境冲突中，有许多大姚籍战士，先后为国壮烈牺牲。无数可歌可泣的革命事迹，至今在大姚人民群众中广为流传。他们的卓越功勋与日月同辉，永远值得我们铭记；他们的崇高精神与山河同在，永远值得我们敬仰。

1. 红军长征过大姚

“长征是宣言书，长征是宣传队，长征是播种机。”八十多年前的中国工农红军长征是中国革命斗争史上的重大历史事件，是一部气壮山河的英雄史诗，而大姚正是红军长征时经过的地方，在中国波澜壮阔的历史上留下了光辉灿烂的一页。

1936 年 4 月 12 日，中国工农红军红二、六军团，在军团长萧克、政治委员王震的率领下，途经禄丰罗茨县城，过武定县的秧草地、禄丰县的元永井，于 4 月 15 日占领牟定县城，经军屯、前场、下东山坡，17 日占领姚安县城。4 月 18 日，中国工农红军红二、六军团在军团长萧克、政治委员王震指挥下，分两路向大姚挺进。一路经马草地、中路河等地；另一路经赤云庄、三江口等地，在小新庄汇合之后，于当日下午进入大姚境内的李湾至七街宿营休整。在七街仓西村休整的红军官兵，瞻仰了 1929 年 3 月 29 日被国民党反动派杀害的中共云南省特委书记赵祚传烈士之墓。军团长萧克、政治委员王震亲自到赵祚传墓前致祭默哀，并到家里慰问，送了一床军用毛毯给烈士的母亲。赵祚传的母亲资助了四百元钱给红军。4 月 19 日天未亮，红军离开七街，经锁北、高家铺、龙马冲、杨湾、大坡、大桥、陶军冲、一滴庵坡、走马石桥、黎武、柳树塘、土地祠、小七笼等村庄，向当时的盐丰县城挺进。

盐丰县城地处深山峡谷，在红军刚进入云南境内时，时任盐丰县县长的陈文友就提前调集壮丁，修筑了工事碉堡。红军到达牟定、姚安时，他又命令县常备大队加强盐丰四周的防务。命令在红军有可能经过的石羊南河一带各乡保长，用鸡毛信、放火号等办法传递情报，企图阻止红军过境。4 月 19 日上午 10 时左右，红军避开其碉堡工事，占领峡谷两侧高地，居高临下，以猛烈的火力攻打县城，敌人守备兵力不支，纷纷溃逃山沟。县长陈文友惊恐万状，在骑马逃跑时，三次坠下马来。红军攻占盐丰县城之后，开仓放盐，救济民众，同时打开监狱，解救了60多个受冤的囚犯。20日拂晓，红军撤离盐丰县城，经过王家庄、大石桥、骡子箐、温竹箐、杨家箐、桥头哨出楚雄地区西进，经祥云、宾川与红二军团汇合，从丽江石鼓胜利渡过金沙江北上抗日。红军长征过大姚时，共有18名红军战士被国民党反动派抓捕交送龙云，不知下落，1名红军战士受伤之后被土匪杀害，2人因病不幸牺牲。

红军长征过大姚，历时三天两夜，攻占了盐丰县城，途经40余个村庄，行程184华里，广泛进行了革命宣传，并打开了五井大盐仓，分盐30余万斤给广大群众。红军所到之处，打土豪，分浮财，解救工农群众，在大姚播下了革命的火种。为了弘扬长征精神，缅怀红军的丰功伟绩，悼念在大姚牺牲的红军英烈，中共大姚县委、县人民政府在白塔山红色文化广场修建了大型石刻浮雕，让长征精神永放光芒。

2. 盐丰地下党党支部

盐丰地下党党支部，是中国共产党在云南省楚雄地区最早成立的党支部之一。盐丰地下党党支部成立之后，大力宣传中国共产党的抗日救国主张，组织群众开展抗日救亡宣传活动，开展了“工运”“学

西河风雨桥

运”“农运”等工作，增强了盐丰地区人民的爱国民族精神，鼓舞了盐丰地区反帝反封建的斗志，在波澜壮阔的革命中留下了光辉灿烂的一页。

古镇石羊历史悠久，是革命的摇篮，是红军长征时走过的地方。1936 年 4 月 19 日，中国工农红军红二、六军团长征时曾攻占过石羊，并播种下了革命的火种。受革命思想的影响，盐丰地区部分青年受到极大的教育和鼓舞，坚定了革命理想和信念。很长一段时间以来，红军在盐丰地区打土豪、分浮财、解救工农群众、召开祝捷大会的情景，一直在他们脑海中萦绕。在这些人中，王子近、高梁、罗如森等就是其中较为突出的代表。

王子近等盐丰进步青年的革命活动，引起了中共云南地下党领导人的注意，为了更好地组织好这些进步青年开展好活动，1936 年 6 月委派中共镇南师范党支部书记杨正芳同志秘密到盐丰县，发展进步青年王子近、高梁、罗如森、封于齐、张玉祖等人秘密加入了中国共产党。并根据盐丰县革命青年实际开展活动的情况，报经中共云南省工委批准，成立了中共盐丰党支部，王子近同志任党支部书记，高梁同志任组织委员，封于齐同志任宣传委员。盐丰地下党党支部成立之后，开展了一系列卓有成效的工作。当时党支部的主要工作任务是：开展抗日宣传活动，宣传共产党的方针政策，发展组织。起初的工作重点主要是盐丰县城，半年之后，向农村发展，进行农村调查，深入群众，进行反蒋抗日宣传。这对当时的盐丰县造成了很大的影响。

为了缅怀革命先烈，发扬党的优良传统，进一步坚定干部群众的理想和信念，决战脱贫攻坚，推进跨越发展，更为了教育下一代，中共大姚县委、县人民政府，在石羊古镇（原盐丰县县城）建立了大姚县红色文化纪念馆，接待干部群众参观游览，进行红色文化教育，大姚县革命传统教育又添了新平台。在这个重要的活动中，盐丰县第一党支部原书记王子近同志的夫人刘琳女士及盐丰县第一党支部原组织委员高梁同志的儿子高晓光先生向大姚县红色文化纪念馆捐献了地下党的一些实物，把当年中共盐丰县地下党开展活动的一些情况再次展现在了人们的面前。

3. 大姚和平解放

1949年12月9日，也就是距新中国成立之后两个月的时间，迫于对局势的影响，云南绥靖公署主任，省主席卢汉将军响应中国共产党的号召，顺应民心，在昆明宣布起义，宣布脱离国民党阵营，接受中国共产党和中央人民政府的领导，并向云南各地方政府发出了放下武器、停止抵抗的命令。经中共三姚区委的努力，1949年12月19日，原国民党大姚县长李树勋同意交出武器，大姚县全境获得了解放，至此国民党在大姚的统治画上了圆满的句号。

1949年4月，"民青"成员赵仕元在铁锁发展农抗会员，组建中国人民解放军金江纵队。开展反对国民党"三征"活动，收缴地主乡长武器武装自己，武装反抗国民党在大姚的反动统治。队伍先后发展到了近百人，1949年8月，鉴于大姚的革命形势逐渐高涨，根据形势发展的实际情况，中共云南省滇西工委经过认真研究，派雷雯到三姚地区建立了中共三姚党支部，并于同年10月，建立了中共三姚区委。1949年底，在中共三姚支部和三姚区委的直接领导下，大姚、盐丰的民主青年同盟组织发展到了180多人，成为党领导下开展地下工作的一支骨干力量。"农抗"会、"工抗"会会员共发展到了2000多人，开展了反"三征"、抗组、抗税、抗征兵等活动，支援了边纵游击战争，为迎接盐丰、大姚解放做出了重要的贡献。1949年5月至11月，人民自卫团在中共地下党和"民青"组织的密切配合下，四次攻打盐丰县城，三克县城，缴获了大批的武器弹药，筹集了大量的经费、药品，并开仓放盐济贫。沉重打击和动摇了国民党反动派在三姚的统治地位，为最后和平解放大姚、盐丰两县打下了坚实的基础。

1949年12月5日，中共三姚区委雷雯以王平为代号和国民党县长李树勋、县政府秘书张子聪进行谈判，并签订了《关

大姚县中小学师生到赵祚传铜像前进行悼念活动

于大姚和平解放各项问题草案》。12 月 18 日，中共三姚区委在人民自卫团北海大队的配合下，顺利接管了国民党大姚县政权，成立了临时军政委员会，大姚得以和平解放。12 月 27 日，中共大姚县委正式成立。1950 年 1 月 6 日，盐丰县和平解放，1 月 8 日中共盐丰县工作委员会正式成立。1950 年 3 月 15 日中共盐丰县县委正式成立，至此大姚得以全部解放。

4. 永远的丰碑

作为生长于大姚这片红色土地上的儿女，赵祚传是永远屹立在我心中的一座丰碑。

“我的病是重的，但国家的病更重，时间不等人，救国家要紧啊！”“我为主义牺牲，为民众而牺牲，死得其所，我心坦荡安然。”“青年的泪应该洒在祖国的边疆，青年的血应该流在革命的路旁。”多么赤诚的心灵，多么崇高的品格，赵祚传使大姚人感到骄傲、感到自豪。

赵祚传心中的花，是共产主义之花，是青年理想之花。位于七街的赵祚传烈士陵园，庄严肃穆的赵祚传烈士的墓碑，墓碑的正中镌刻着“赵祚传烈士墓”几个苍劲有力的大字。落款为中共大姚县委、大姚县人民政府。赵祚传同志是大姚县七街仓西村人，他把毕生的心血，乃至年轻的生命，献给了共产主义事业，献给了民族的翻身解放事业，在云南的历史上写下了壮丽的篇章，是云南人民的优秀儿女，更是大姚人民的骄傲，我们永远怀念他。

在庄严肃穆的赵祚传烈士陵园里，留下了许多烈士生前好友、同事、领导的题词。其中赵祚传生前好友，国务院原参事李一平题词为：“取义成仁卅年，头颅换得好江山。人民饮水思源处，浩气长存日月悬。”中共楚雄州政协原副主席端木铭题词：“无产阶级战士，劳动人民尖兵，从容出入生死，慷慨就义牺牲。伟哉燎原星火，终摧三大敌人，高歌社会主义，永怀先烈遗志。”中共中央对外联络部东欧研究所研究员、中共云南地下党领导成员刘玉瑞题词：“赵祚传烈士，少年时代，就严格要求自己如饥似渴地学习各种知识，找到了解放人民的真正道路，成为革命的坚强战士，最后为共产主义事业光荣牺牲。血沃中原肥劲草，寒凝大地发春华，为珍视中国今天的彻底解放，人民将永远怀念为它流血牺牲的革命先烈。”中共云南地下党工委原书记、中共中央组织部原顾问郑佰克题词：“精神不死，浩气长存。”中共云南省省委原常委、省政协原主席、滇桂黔边区纵队原副司令员朱家璧题词：“烈士鲜血沃故土，主义之花遍中华。”全国人大常委会原副委员长楚图南题词：“赵祚传烈士永垂不朽。”“人民英雄流芳万古，革命烈士碧血千秋。”这些题词是对赵祚传烈士光辉灿烂、革命一生的评价，也是对赵祚传烈士深深的缅怀。

位于云南省大姚县七街的仓西村，是赵祚传烈士的故乡，这里前依蜻蛉河、背靠仓山，颇有虎踞龙盘之势。赵祚传，从小就生活在这块美丽的地方。他秉性聪颖，读书十分用功，成绩名列前茅，常常受到老师和同学们的赞扬。1919 年，当五四爱国运动的风暴席卷全国时，正在昆明读书的赵祚传积极参加了“云南学生爱国会”，上街参加学生游行示威活动，投入到反帝反封建的革命斗争中。受大革命风暴的影响，1926 年秋，正在上海求学的赵祚传，果断放弃学业，奔赴革命中心广州，参加了在广州大沙头举办的国民革命军第三军政治训练班学习，聆听了周恩来、恽代英、萧楚女、阮啸仙等无产阶级革命家的教诲，找到了梦寐以求的救国救民真理，确立了为共产主义事业而奋斗的人生道路，并光荣地加入了中国共产党，如饥似渴地学习革命理论。1927 年 4 月 12 日，蒋介石发动反革命政变以后，根据革命形势发展的需要，赵祚传按照党的工作安排，和王德三同志一起回到云南加强党组织的领导力量，先后担任了中共云南省特委委员、省临委委员、省特委书记，成为中共云南地下党早期的重要领导成员。在复杂、危险的革命工作中，他不顾个人生命安危，日夜奔波、操劳，经常深入基层传播革命火种，发展壮大党团组织，积极为革命筹措经费，组织带领同志们开展革命斗争。为了革命工作，赵祚传曾三次被捕入狱，但是丝毫没有改变他坚定的共产主义信念，他在监狱中念念不忘的仍然是国家的强盛、人民的疾苦、革命的胜利，仍然不屈不挠，带领监狱中的同志们坚持斗争。赵祚传同志为了党的事业，勇于牺牲，无私奉献，在他短暂的一生中，他不顾自己身患重病，不怕工作艰苦、环境险恶，以坚定的共产主义信念和顽强的斗争意志，为党工作。1928 年 6 月，身患重病的他抱病步行从千里之外的昆明回大姚老家，说服家人再次变卖田产。就在他准备带着钱款返回昆明时，由于叛徒告密，不幸被捕，于 1929 年 3 月 29 日（农历二月十九日），被反动派枪杀于大姚，牺牲时年仅 26 岁。

赵祚传故居

撼山易，撼英雄难，在狱中，赵祚传严词拒绝了敌人的高官厚禄的诱惑，宁死不屈。面对前来劝说自己为了避免枪决所受痛苦，要求自己服毒自尽的敌人，赵祚传大义凛然，义正词严地说："我没有做过什么污名烂节、对不起人民的事，值不得去自寻短见，你给我滚出去！"面对来狱中和自己告别悲伤流泪的朋友，赵祚传视死如归，慷慨激昂地说："我感谢你和其他的亲朋好友，为我所做的一切努力。这是无可挽回的事，天下事岂可能尽如人意，人生是准备来牺牲的，虽置诸法场又何足惜。"面对死亡，赵祚传没有退缩，而是表现出惊人的勇气，他从容冷静地回忆和反省了自己短暂的一生，觉得自己活得清清白白，没有什么对不起组织和亲戚朋友之事，唯一遗憾的是觉得为党和人民做的工作实在太少。他坚贞不屈、坦荡安然，抱定了为党、为人民献身的决心，并写下了一封封表现出无产阶级战士崇高情怀的遗书。

出众的文学艺术才华，加上理想主义精神、浪漫主义气质，使他气度超群、卓尔不凡。他二十多岁的时候，就获得了国民党特派员的身份，并出任过云南省国民党组织部部长一职，前途可谓一片光明。然而为了共产主义信仰，他毅然决然踏上了"革命"这条九死一生的道路。

赵祚传同志对革命事业的理想信念矢志不渝，他对云南早期的农民运动做出了重要的贡献。大革命失败后，为贯彻党的"八七"会议精神，动员广大的贫苦农民参加革命，赵祚传将党的理论、政策方针与云南实际相结合，编写了《农民四字经》，用通俗易懂的语言，号召工农兵联合起来开展土地革命，夺取革命政权，这在当时具有很强的影响力。《农民四字经》是云南早期党组织宣传群众、动员群众、组织群众、举行武装暴动、开展土地革命的革命经书，是云南早期党组织的重要宣传读物。赵祚传在昆明求学期间，正值祖国的多事之秋，他在勤奋攻读之际，写下了许多诗文，其字里行间充满了对军阀政府卖国政策和军阀混战的强烈义愤，对工农劳苦大众遭受的苦难的深切同情。其中最具有代表性的是《试述人生之目的》《中国宜先改造人心说》等篇章。

暮春四月，蜻蛉河畔，柳枝发芽，到处充满了春的气息。我再次来到赵祚传烈士陵园，为这个赤诚忠勇的先烈、灵魂圣洁的英雄敬献花圈。仓山静默，微风轻拂，我深深鞠躬、泪洒衣襟。是的，赵祚传，虽然只是度过了短短的 26 个春秋。但是，80 多年来，他可歌可泣的奋斗生涯，不屈不挠地向旧世界宣战的顽强斗争精神，气贯长虹的高尚气节，不惜抛头颅、洒热血的大无畏牺牲精神，在人们的心中树立了不朽的丰碑，人民将永远怀念这位革命先驱、忠诚的共产主义战士。

5. 石羊革命烈士纪念塔

在千年古镇石羊巍峨峻秀的彩凤山下，至今巍然屹立着一座庄严肃穆、宏伟大气的革命烈士塔。半个多世纪悄然过去了，这座革命烈士塔亦成了石羊这块革命红色土地上曾经血雨腥风、硝烟弥漫岁月的见证。

石羊革命烈士纪念塔，其实应称之为盐丰革命烈士纪念塔。该塔修建于 1955 年 12 月，是当时盐丰县人民政府（1958 年 7 月合并为大姚县，改称石羊镇）为了缅怀解放盐丰、平息匪患、完成民主革命而英勇牺牲的烈士修建的。烈士塔高 5.43 米、宽 2.1 米。塔身为沙石质，烈士塔碑身的正面镌刻着中共盐丰县县委原书记李子龙同志题写的“革命烈士永垂不朽”八个苍劲有力的大字，碑身的背面镌刻着盐丰县云南省原人民代表金佩承直书的“成仁取义、民不能忘”八个大字。塔的顶部刻有象征和平的鸽子。整座革命烈士塔背靠彩凤山、前倚香水河，与古镇四周有名的名胜古迹——南北塔、文殊阁、观音寺、孔庙、大清盐提举司府、天塔山等遥遥相望，可谓是占据了古镇石羊的天时地利，是一块难得的风水宝地。

古镇石羊依山傍水，香河南注北流、蜿蜒流淌。历史上古镇石羊，因盐而兴，因盐而衰，有过曾经的繁华与辉煌。不仅如此，石羊更是一块红色革命的土壤。1928 年中共云南省特委委员、省临委委员、省特委书记赵祚传同志曾亲自到盐丰盐场向工人们宣传革命思想。1936 年 4 月 19

日，中国工农红军红二、六军团在军团长萧克、政委王震的率领下，攻克了盐丰县城，开监放人，开仓放盐，进行了广泛的革命宣传，播下了革命的火种。留下了“赤血洒神州，铁流千万里，举世闻名”的中国工农红军业绩，在中国革命史上留下了光辉灿烂的一页。1937 年“七七卢沟桥”事变爆发后，地处偏远地区的盐丰地区率先掀起了抗日救国的热潮。1939 年中共云南地下党在盐丰一带建立了党组织，从事抗日救国宣传活动。在解放战争中，中国人民解放军滇桂黔边区纵队八支队曾经先后四次攻克盐丰县城，为最后和平解放盐丰县打下坚实的基础，产生了深刻的影响。在云南民族解放斗争中，谱写了极其光辉灿烂的篇章。

新中国成立后，1955 年 12 月，当时的盐丰县人民政府经过多方斟酌，决定在风景如画的彩凤山下为牺牲的革命先烈们建立烈士塔。同时决定把 1949 年 5 月在进攻盐丰县城时英勇牺牲在白石谷村的八支队小队长薛长灵同志的坟墓迁移到革命烈士纪念塔的背后。

“烈士忠魂千秋在，革命精神万代传。”如今六十多个春秋已经悄然过去了，曾经血雨腥风、硝烟弥漫的岁月渐渐淡出了人们的

修缮后的赵祚传故居

视线。但石羊的人民却从来没有忘记过那些曾经为了民族独立和解放而英勇牺牲在这块红土地上的革命先烈们。每逢清明时节，总会有许多人自发来到这座革命烈士纪念塔前，深深地缅怀革命先烈们的丰功伟绩。相信在不远的将来，随着千年古镇石羊红色文化旅游业的开发，石羊革命烈士塔一定会得到有效的保护和宣传。

6. 石羊红军桥

红军桥，又称之为石羊杨家箐桥头哨桥。该桥位于距离石羊镇的杨家箐村委会，大桥雄伟壮观，熠熠生辉，古姿犹存。整座大桥长31米、宽4.5米、高14米，远远看去就像一道浮现在天边的彩虹。该桥是当地人民群众为了纪念当年红军长征经过桥头哨大桥而重新修建后命名的。

杨家箐桥头哨，位于千年古镇石羊的西面，是距离古镇石羊最为偏远的一个小自然村，但地理位置却十分重要，是南方古丝绸之路上的一个重要驿站。据盐丰县（今为石羊镇）志载：石羊这个直接向省府缴纳盐税的山乡小镇，从唐天宝八年（749年）起，就开始了煮盐制盐。由于制盐业的兴起，石羊这一个山乡小镇一度出现了让人惊叹的繁华，每天进出石羊小镇的商人不下千人。而这一座横跨在西河上的杨家箐桥头哨大桥，更是成了大理祥云、宾川等地的人进入石羊的必经之地。石羊的西河长达40多公里，河的两岸山峰陡峭、高耸入云，山势走向到了桥头哨，突然出现了断岩峡谷，成了一道天然的屏障。为了缉拿私盐和防止有人偷税漏税，当时的省盐务管理处，在这里修建了一座一孔的桥头哨桥，桥头的两边长期分别派人驻扎把守。

1936年农历四月十九日，中国工农红军红二、六军团在军团长萧克、政治委员王震的率领下，攻克了盐丰县城，进行了广泛的革命宣传。次日（农历四月二十日）清晨，红军遵照命令撤离石羊古

镇继续北进，途经王家庄、大石桥、骡子箐、杨家箐多个村庄，行程五十余公里，前方部队抵达了桥头哨大桥附近。守在桥头两边的敌人，所闻红军到来的消息，不敢抵抗，纷纷逃进了大山深处。红军部队进驻桥头哨之后，打开盐房，把当时极其珍贵的食盐分发给周围的老百姓，在桥头哨留下了极其珍贵的一页。红军离开之后，当地人民群众怀着对红军的感激之情，悄悄珍藏起许多红军走时留下的东西。

“青山遮不住，毕竟东流去。”桥头哨，这座具有伟大历史意义的大木桥，终因年久失修，在 20 世纪 80 年代末一场罕见的暴风雨后，被滔滔奔流的洪水冲走。雨过天晴后，世代生活在沿河两岸的人们出行时，不得不涉水过河。为了沿河两岸人民群众出行的安全，更为了纪念红军长征途经桥头哨大桥这一历史性事件，县委、县人民政府在桥头哨大桥遗址上恢复重建大桥，同时把桥头哨桥更名为“红军桥”。并在长达 31 米的桥面上建盖起亭子、围栏，供过往的行人们休息纳凉。

如今八十多年的岁月悄然过去了，西河两岸的青山依旧险峻苍翠，红军桥下面的河水依然在汹涌澎湃地一直向前奔流，不知疲倦地向世人诉说着那一段曾经血雨腥风的难忘岁月。

文化名士刘荣黼

大姚历史文化名人不乏其人，明、清时期，文人学士建寺庙、建诗社，吟诗作赋，遍及城乡。自汉代以来，各族人民在开发、建设大姚的历史进程中，不断涌现出许多历史文化名人，其中有太史、诗人、书画家刘荣黼。

大姚县自古至今都有在京城做事的人，有的已成为历史上的风流人物和知名人士。人们为了增进了解，特别是一些文人墨客相聚时，互相总免不了要议论起家乡的奇人奇事。其中，清代在翰林院任编修的刘荣黼，因精通诗文、书法、绘画，被称之为京城诗、书、画“三绝”，成为京城有名的文化知名人士。因此，京城文化名士刘荣黼便成了大家茶余饭后的热门话题，人们为家乡出了这样一个文化风云人物感到骄傲和自豪。

刘荣黼生于清乾隆三十八年（1773 年），卒于 1852 年，享年 79 岁，字桊堂，晚号怡云，大姚县金碧镇东街人。

根据《大姚县志》记载：刘荣黼早年得名师授教，32 岁中举，嘉庆十四年（1809 年）成进士，入翰林院充庶吉士。三年后留馆授编修。对经学以及诗文书画均有相当造诣。初到京城便崭露头角，受到部院大员器重，代他们草拟奏折之类的文稿。授翰林院编修之后，登门求他写诗作文的人很多，成为京城的知名之士，有诗、画、书“三绝”之誉。

刘荣黼在翰林院，曾参与修纂《大清一统志》，并著《大

20 世纪 50 年代拆除的大姚县城北门

姚志略》七篇。嘉庆二十一年（1816 年），外放为贵州遵义知府。到任不过三月，就清理积案五千多件。境内有个洗马池，灌溉附近农田，但却筑有石堤，潴水流注，不利于农业生产。由于迷信风水，从未有人敢于改变旧状。他得知此事，认为："不利于民，何有于官？"立即下令拆除石堤，大大方便了农田灌溉。

清代中叶以后，吏治日益败坏，许多地方官员贪婪成性，假公济私。遵义府辖一厅一州四县。遵义县有积水潭产鱼，只许官府捕捉。府东百里绥阳县产橘，府西北仁怀县产甘酒，这些地方土产同样只供官用，百姓不能分享，还要为此承担力役。刘荣黼采取强硬措施，开放积水潭，让民间自由捕鱼；废除绥阳、怀仁两县的有关徭役。当他获悉司道上官沿袭旧习，仍常到绥阳索要橘子后，下令"拔橘植桑"，在该县大兴蚕织，既发展了有利于国计民生的副业，也抵制了上司的勒索。

在遵义府三年，刘荣黼竭力取缔府衙中索贿受贿的陋习，严惩不法土豪，并锐意兴学，中修府城的湘山书院，增加该院"膏火"（助学金）。城郊学生没有地方读书，他倡议建成培英书院。灾荒之年，还捐俸赈济贫民。调任时，人民争相前来送行。还有画家把送行盛况绘为图画，寄托各界人士对他的爱戴。

❶ 大姚彝族古毕摩经

❷ 出土文物——编钟

清嘉庆二十四年（1819 年），刘荣黼升调贵阳府知府，时值广西流民大量涌入府南定番州的木瓜土司辖地，煽动苗族农民闹事，贵州巡抚韩克均决定调集重兵，前往镇压。刘深感不妥，就申文抚署，劝阻发兵，表示自己愿意轻装简从，前往土司境内解决此事。刘荣黼带领四个随从，赶到木瓜弄清了实情，指挥士兵，乘夜捉获为首闹事的人，胁从者闻风而散。当巡抚派出的官军来到时，事件已经平息。

在贵阳期间，刘荣黼兴建义仓，设慈幼局和育婴堂，为当地人民做了许多好事。次年，他因“谳案”（处理案件）牵累被降级。但不久，地方大员知道他勤敏奉公、善政迭见，即让他以原官兼代贵州粮储道，主持全省粮政。

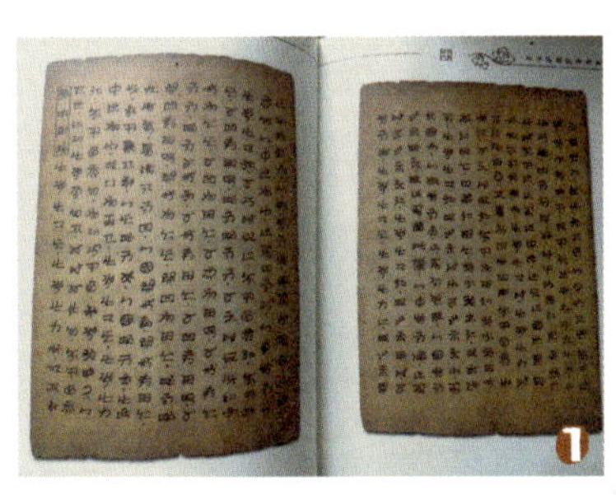

贵州石阡府境内，居民和外来游民因争夺口粮发生矛盾，导致哄变。知府上报粮署。刘荣黼查明引起冲突的起因在于粮食奇缺，于是筹出公款白银 3000 两，自己捐俸 3000 两，赶往石阡赈济。他召见商贩、给予津贴，鼓励他们到外地购米回来供应。另外又根据饥民的不同情况，老弱妇女发给食米；聋痴残疾人施粥；对一些身强力壮的，则赈以金钱，使他们“采薪易食”。他深入调查，了解到游民多数是四川饥民，便在川黔道上，按程设棚施粥。动员他们由老成者带队，结伴还乡。白天发给食米，晚间让他们到棚中食粥过夜。未及一月，资助回乡者达六千多人。

清道光元年（1821 年），镇远、石阡两府闹饥荒，大批灾民拥入省城，刘荣黼再度捐出俸银 1000 两，收养老弱病残。次年，“因公落职”，返回大姚。刘荣黼 50 岁回家之后，“家居杜门，以培养后进为己任”。由于老亲在堂，他辞谢了云南方面大员请他修省志、主讲五华书院的征聘。除主持大姚日新书院的教务外，还在住所之南盖了三间房子，接待登门求教的学生。大家把那儿称作“榘翁草堂”。设教十余年，“从游者日重”。

刘荣黼的散文结构严谨、条理性强，他虽身居显位，亦能潜心治文，晚年尤不辍作，孜孜不倦。据周师追忆："后七年，余随先生入词馆，同寓斋九衢。人海车马喧闹，两人时复破屋一灯，残更相对，却无升沉通塞之想。而商略文史、扬榷古今，慨然以古作者相期。"他的文章生前被收入《榘堂全集》。

刘荣黼也是多产诗人，他的《榘堂诗草》，包括《鸣簌》《壮游》《翰林》《播州》《黔中》五个集子 1100 多篇，时人说他"学足以华其才，其足以赴其识。纵横万里，上下千年。老辈畏此后生，同学推为巨手。固当代之作者，非仅一时之大家也"。《全集》和《诗草》早已流失，所存《榘堂诗集》仅有 121 首。方树梅先生评为"意旨遥深，笔力苍老，古近体皆佳"。例如，他曾先后九次登临岳阳楼，有七律一首，表示不敢忘范仲淹在《岳阳楼记》中"先天下之忧而忧，后天下之乐而乐"的"忧乐观"。其诗云："鸿都鄂渚登临遍，大好风光让此楼。山走苍梧开九甸，湖通青草浸巴丘。绝怜词赋人皆古，除却神仙世所浮。放眼东南方待哺，敢忘后乐与先忧！"他以白盐井为题材的《盐井》一诗，则对人民贫穷的悲惨处境寄予了深深的同情，为自己无法相助而感到惆怅："马西旧志领盐泉，生计牢盆自昔传。疆域因时殊广狭，古今大利出山川。莹莹素积三春雪，冉冉波敖几灶烟？惆怅居人多茹淡，囊中羞涩阮郎钱。"刘荣黼还擅长书画，尤长于山水画，每到一地，常以诗画为志，可惜作品传世很少。

后来，刘荣黼回到家乡大姚后，很热心家乡的文化教育事业，参与编纂《大姚县志》。他为了表达热爱家乡、赞美家乡的浓郁深厚思想情感，作了《大姚山水歌》一诗：

我闻洞庭山，其叟日具枢。
中有大姚村，米颠绘为图。
图成便觉山水好，共夸风景江南少。
哪知大姚自有真，堪笑米颠影射巧。

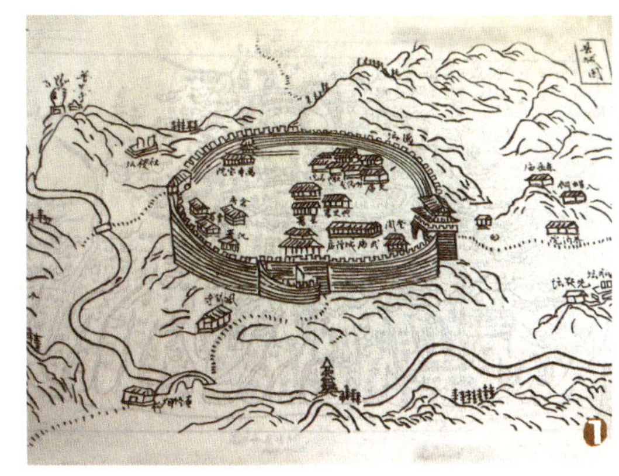

1 大姚古代县城图（道光《大姚县志》）

2 大姚山水

大姚城郭万山中，昆明池西洱海东。
金沙江水东流去，让出青山望楚雄。
楚雄遥指蜻蛉河，子渊子长持节过。
诸葛五月渡泸水，至今城外旧营多。
城外城中山合匝，云影山光相吐纳。
奇艳云烟飘渺间，飞出一只磬棰塔。
塔影凌空倒入城，城中缕缕暮烟生。
灯火万家红树里，米颠未必画能成。
人家都在画中住，画中还有人来路。
红栏白石春溪桥，围绕绿杨千万树。
塔顶巍然见紫丘，紫丘顶上白云浮。
云气上天飘作雨，真把山城比太湖。

昙华高奣映镌刻

“柴门虽设未尝关，闲看幽禽自往还。尺壁易成千丈岩，黄金难买一身闲。雪消晓嶂闻寒瀑，叶落秋林见远山。古柏烟消清昼永，是非不到白云间。”这些石碑诗文，对研究清初云南文化及高奣映的思想均有重要价值。

高奣映镌刻位于县城西北 45 公里的昙花乡昙华寺遗址后的山林中，是清朝初年姚安府土同知高奣映在此撰书镌刻诗文的石碑。

据《大姚县地名志·名胜古迹》记载：“昙华寺遗址后有镌刻诗文石碑 11 块。高奣映晚年隐居于此，撰书刻石于林荫深处。这些石碑大部分已被风雨剥蚀，难以辨认。目前保存完好的五块，字体为行草书，遒劲秀逸，颇有神致。其中一竖石镌诗：‘柴门虽设未尝关，闲看幽禽自往还。尺壁易成千丈岩，黄金难买一身闲。雪消晓嶂闻寒瀑，叶落秋林见远山。古柏烟消清昼永，是非不到白云间。’另一圆形石碑镌：‘月影低留地，云痕涉楼空。不高不下处，跛手待山公。’这些石碑诗文，对研究清初云南文化及高奣映的思想均有重要价值。”

姚安府土同知高奣映堪为滇中名门。20 世纪初被龙云称为“滇中耆硕”的蜻蛉名儒在《高氏族谱》序中曾有这样一段话：“吾姚安高氏，系出庐陵，自后移居于滇。其始祖定公者，助诸葛忠武平蛮有功，出益州守。至九世子进公，复仕唐，授蒙大将军职，其后，世袭职守，代有明德。尤著者二十九世智升公，以勋德称；升

泰公，以义让称；泰祥公，以忠节称；奣映公，以文学称，至厚德公已递衍至五十四世，迄今又二百余年，子孙犹绳绳继继，未艾方兴，谓非其源远而流长也耶！读其谱令人兴乔木世臣之感焉。”据史料载：高氏三十九世孙高寿寺于明洪武己酉年（1369 年）纳土归附明朝后，授世袭姚安土府同知，至清雍正乙巳年（1725 年），最后一任世袭姚安土府同知高厚德与苴却土居民争讼十马地遭到贬谪，安置江南省城止，高氏前后世袭姚安土府同知历明、清两朝共十五代三百五十六年之久。在姚安、大姚一带创下了庞大的基业，仅现可考的衙门、住宅就有四处之多。在大姚龙山东北麓的碧么有“规模阔大、栋宇崇闳”的高衙，高氏子孙世居之；在姚安府堂右侧，有土府同知公廨；姚安城北有高氏宅；姚安光禄乡亦有土府同知廨（又称旧总管府）。

昙华千柏林神雾

高氏开建昙华，始于明末清初。崇贞乙酉年（清顺治二

年，1645 年），当时的姚安土府同知是高氏五十一世孙高䎙（字青岳），此时的明朝已处于油尽灯枯之时，农民起义军李自成、张献忠分别在南、北简称了大顺、大西政权。清军入关后建立了清朝统治，福王朱由菘、唐王朱聿键各自称帝，进入了南明时代。就在这个时候，元谋土知县沙必奎（又名吴必奎）与沙定洲密通谋叛，经武定窜入姚安为乱，高䎙列出必奎的反状报送沐黔国（沐天波），黔国檄䎙问罪必奎，多次交锋必奎力竭被擒，䎙将其斩首悬于东市。永历（桂王朱由榔）入滇后，䎙即驰入卫，升为光禄少卿。永历逃往缅甸。䎙率夫人木氏从之。止腾越，亲属子弟以世职之故，追留之，高䎙义不仕清，把印绶及儿子高奣映托付给亲属，自己到大觉寺跟着无住禅师，削发为僧，法号为悟祯。不久后便到大姚，开建昙华山昙华寺。后终死于昙华，至今昙华山海古簸对面犹有高家坟一地，传为高氏祖坟。

石刻

高䎙的儿子高奣映，字元廓，一字雪君，别号问米居士。生性

警悟，幼嗜读，过目成诵，博览群书。自性理经济，以至玄释医术，莫不洞晓，诗词歌舞，皆能深追入微，天资既大过乎于人，而学力倍之。一生著有《维风权宜》《迪孙》《醉翁楼记》《巴怡集》《引经志》《贞明内外集》《易占汇考》《星点指掌》《天文要旨》《如意珠》《鸡足山志》等著作八十余种以及诗歌多种，著述之富，为一州之冠。奝映著作，盖大而经史政教精，而儒释性命、老庄哲理以及医、占、杂艺皆能扫前人支离、自辟精义。并于先儒偏驳处，时加救正，被列为清初顾、黄、王、颜、高五儒。滇中学术，多受其惠。癸卯（清康熙二年，1663 年），奝映由吴三桂题准，袭姚安土府同知。癸丑（清康熙十二年，1673 年）会川一碗水沙逆叛乱，奉檄出川巡视。次年，清军复滇，他以只身单骑殄大逆，制溃军，天

石刻

子鉴其忠悃，授予参政之职。戊午（清康熙十七年，1678 年），奝映托疾挂冠，让儿子高映厚承袭了他的土府同知职，告老还乡，在结嶙山结庐，每日写书画画消遣。但仍有很多求学者慕其声名才华，负笈求教于他，对求教者，他都悉心加以指教，一时从学而成进士者 22 人，登乡荐者 47 人。提学王之枢曾书写“德庸学邃”四字赠之。

昙华高氏镌石多为书法作品，字体多为草、楷、行书。有少量画刻。镌刻内容除一些言简意赅的字句外，多数为高奝映诗作。目前可考的尚有如下三首：一首为七言律诗，诗云：“柴门虽设未尝关，闲看幽禽自往还。尺壁易求千丈石，黄金难买一生闲。雪消晓幛闻寒瀑，叶落秋林见远山。古柏烟消清昼永，是非不到白云间。”另一首为七言绝句：“香龛花窦刀锋横，影落寒苔不世清。日有羲皇落枕上，松风莫怪汉秦声。”还有一首五言绝句：“月影低留处，云痕涉楼空。不高不下处，踧身待生公。”几首诗都堪称写景寄情的佳作。特别是七言律诗，道出了这个世袭土府同知对生活的厌倦、对田园牧歌式生活的向往，大有“看破红尘”之感，流露的感情比较自然真实。你看，在他的笔下，昙华山挺拔颀长的杉柏犹如一道道未尝关闭的柴门，闲暇时躺在树下纳凉，看到的是珍禽异兽在树上林间毫无拘束地飞来跳去、自由往还。在他看来，用尺许见方的美玉就可以换取昙华这千丈河山，但耗尽他平生所有的黄金也买不到一生的自在悠闲。在这没有熙攘喧嚣的昙华山，春天早上梦醒便可以听到雾幛遮掩的山箐间传来的冰雪消融后急溪流瀑的奏鸣，秋天透过落叶后的林子可以看到重峦叠峰那如浪如涛、如诗如画的远山近影。如烟霞似云雾的苍翠古柏是那样的清新、隽永。要逃离人世纷争、人间烦恼，只有到这白云生处的昙华彝山。

在另一块巨石上，镌有高奝映的“平”字造型仰卧像。画像造型逼真，镌刻线条流畅，人物表情安详。据说：奝映曾有两尊铜铸像，一为“平”字造型，一为“安”字造型。“平”字铜像置于大姚碧么高衙，“安”字铜像置于姚安光禄。可惜的是，“平”字铜像在 20 世纪初被毁，只剩下“安”字铜像存于姚安德丰寺。

在一块悬崖上有诗一章，可惜风雨剥蚀，一些字已无法考证，姑且将成句者录之，残缺字以“□”代之。诗云：“连云一蹬一行回，点滴尘嚣引不

来。梦泡欲惊飞白浪，诗魂未冷□苍苔。□岩听志公生法，墨迹流酣洛下才。字字早知鬼神泣，松□□□雨花台。末署：何□题，疑为何闳中诗。”这些诗刻均为阴刻类，字迹刚劲，书写秀逸。偏右有石矗立，上镌“卓尔独立，湛寂孤坚”八个大字，笔力遒劲，龙蛇飞舞，署名为：“冢孙高映厚。”上述两个作品内容多为颂赞溢美。署名者何闳中，明末清初时曾任澜沧兵备道，而高映厚则是奣映子、高𦒱孙，由而推断：镌石应为此二人主持为之，如推断成立，镌刻时间，应在清康熙年中前期 1681 年至 1691 年之间，距今已三百多年。

三百多年日曝露浸，三百多年风雨剥蚀，镌石多已苍苔满目、缺角少字，一些镌石已模糊不清。

的确，高奣映这些镌石诗文，对研究清初云南文化及高奣映的思想均有重要价值。

第二章
咪依噜故乡　彝剧诞生地

大姚是咪依噜故乡、彝剧诞生地、中国彝族十八月历发祥地。彝剧源于昙华乡彝族民间传统山歌、小调、舞蹈及宗教祭祀活动仪式，并受汉族花灯、滇剧和其他民族剧种的影响，逐渐演化成以彝族语言、音乐、舞蹈等形式完备的戏剧表演故事的彝族戏。大姚彝剧2008年6月被公布为第二批国家级非物质文化遗产保护名录。

咪依噜故乡——昙华

“昙华万仞最高峰，突过秦关百二重。石谷鬼门天险设，云林僧寺地灵钟。小儿叱驭能骑马，老衲安禅可制龙。不为长征游览遍，奚知困苦是山农。”郭燮熙寥寥数语，把昙华山的人文和自然景观写绝了。

“春有百花秋有月，夏有凉风冬有雪。”这是昙华山，距大姚县城北四十余公里，山峦绵延起伏，草木葳蕤，一派葱茏。林木掩映，山泉淙淙流淌，岩壑清幽，峰峦层叠，石壁有高氏手迹，潭有兴云作雨之灵。翠柏苍松，浓阴馥郁，山猿水鸣，诗情画意跃然，民国年间的郭燮熙（镇南）寥寥数语，把昙华山的无论是人文景观还是自然景观都写绝了，后人无须赘述：“昙华万仞最高峰，突过秦关百二重。石谷鬼门天险设，云林僧寺地灵钟。小儿叱驭能骑马，老衲安禅可制龙。不为长征游览遍，奚知困苦是山农。”

1. 遗失在密林深处的古代彝族部落

当我站在被称为大自然鬼斧神工的昙华山时，我能想象出那个混沌的洪荒世界。混沌、广阔无垠的境界；洪荒，开天辟地前的蒙昧状态。我能感觉到朦胧的灰暗色调、异样的声响，混沌之中，掳过一丝光亮，闪现出一束火苗，隐约听见“远古的时候没有天，我们来造天；远古的时候没有地，我们来造地……”一个浑厚苍老的声音从远而近，松涛阵阵，马缨花频频点头，阳光普照，声音渐远渐近，彝族之门开启了……如今的昙华山依然保持着亘古的宁静，那个孕育了彝族部落的林子，依然那么深邃而寂静，似乎什么也不曾发生。然而，一波又一波生命的演化，曾经在昙华的密林深处，山花从中上演和谢幕。如今，面对这片苍茫而欣欣向荣的土地，我们的想象难以触及那个无法到达的岁月之渊。然而，学者们却告诉了我们这里曾经发生的一切："印度板块同欧亚板块碰撞，特别是喜马拉雅山运动，导致青藏高原自中新世以来逐步快速的抬升成为如今的地形。”那时的昙华山是一个林茂物丰的地方，那里有连绵起伏的群山、茫茫的原始森林、湿润的气候、肥沃的土地、终年不绝的流水，以及翠绿的草地，动物在狂欢，飞禽在徜徉。于是，彝族的祖先在此地繁衍生息。在昙华乡子米地村委会拉乍门村，出土了一块大约两平方米的岩石，石上刻有图纹和符号，图纹为阴刻，可以辨别的形象有海水、山、葫芦、鸟、鱼和人物等。有关专家和学者认为，石画似乎记载了洪水神话时代彝族的“创世史”神话，据说是彝族的始祖碑。同时，在石刻出土地附近的岩石上，还刻着一些神秘的符号和图案，距之不远处的路边巨石顶，清晰可见刻有一双脚印，这些饱经风霜的符号和图案在寂静的时光下透着神秘的色彩。

2. 站在昙华彝山仰望星空

2016年11月20日深夜，我独自一人在寂静的苍穹下，置身于高高的昙华山顶，聆听松涛，仰望星空，凝望着千百年来守望这片土地的山林，一片片千年的风景，万年的沉淀，似乎在展示一段无法忘却的过去。浩瀚的天际依旧繁星点点，昙华村依然万家灯火，在光与影的交错中，一座石碑矗立在山乡的顶峰，是彝族十八月历纪念碑。高十八米，碑座呈四方形（代表大地），碑座之上由十八瓣（代表十八个月）造型石质构件组成，其上立一石质葫芦（彝族起源：葫芦兄妹传说）造型，葫芦之上有圆形石球（代表太阳），形成一个“头顶蓝天脚踩大地”的活生生的人类生存状态实例。谁也没有想到，中科院的刘尧汉教授的一个举动，十八月历成了打开探索人类文明大门的钥匙。

茫茫群山，涓涓流水，于世无奇，唯有山中如此一湾，丛林中如此一静，原野中如此一景，高崖后如此一跌，山顶上如此一碑，才深得天地之韵律，造化之机巧，让人神醉情驰。以此推衍，人生、世界、历史，莫不如此。给浮嚣以宁静，给躁急以清冽，给粗犷以明丽，给愚昧以智慧。唯其这样，人生才见灵动，世界才显精致，历史才有风韵。

3. 行走在人与神之间的彝族信使

昙华可以傲视寰宇的地方，就在于它是几万年的层层累积，看昙华，不是看死了几万年的标本，而是活了几万年的生命。几万年而始终活着，血脉畅通，呼吸均匀，这是一种何等壮阔的生命。昙华确实有着层次丰富的景深，让不同的人摄取，听故事，学艺术，探历史，寻文化，都未尝不可。一切伟大的艺术，都不会只呈现自己单方面的生命。他们为观看者存在，他们期望着仰望的人群。在昙华，火塘边，婚丧娶嫁、建房安居、播种收获、放牧耕地中无不飘出彝族创世史诗《梅葛》的音符。

毕摩李学品，地地道道的昙华丫古埂彝族，身材瘦削，目光锐利，昙华山资深毕摩，插花节“花神”主祭司，特别擅长吟唱《梅葛》，能吟天唱地、贯通古今（彝族的起源和祖先们的创世故事）。一件披肩，一顶毡帽，一只鹰爪，一只摇铃，摇天摇地摇鬼神，解

不熄的火塘

冤结，指魂路，招离魂，赎失魂，护危魂，导祖魂，招祖魂，引祖魂……一声铃响，神鬼莫测，震动乾坤，一招一式，人神惊叹，鹰爪一挥，泣鬼神惊天地，世间绝唱，人鬼之恨，人神宿怨，烟消云散，三界皆大欢喜，毕摩学品，在人神之间行走，神清气爽，酣畅淋漓。

4. 花　魂

花是山的“魂”，是山里人的根，看花、赏花、插花是当地村民亘古不变的生活。尤其要数马缨花，红的似火，白的如玉，当市井花落人影去，坊间果实枝头闹时，马缨花才开放，撒满山头，遍及山野，大有“人间四月芳菲尽，山寺桃花始盛开”之势。马缨花，又名马缨杜鹃，隶属杜鹃花科杜鹃花属。常绿灌木至乔木；树皮粗厚，呈灰棕色，花簇生于枝顶，呈伞形花序式的总状花序，大而美丽；阳春三月盛开，红艳似火，异常绚丽。据说这山的祖先生下一个肉球，被兄长误认为怪物，用刀把肉球砍开抛在马缨花树上，变成彝族。虽然这种说法不免有些牵强，这里的人与马缨花的确有缘。人出生用的盆，吃饭用的碗，祖先的牌位都是用马缨花木做的，人的生老病死与马缨花息息相关。于是，马缨花成为当地人们心目中的“神花”，每年约定俗成地举行纪念咪依噜的插花盛会。 咪依噜是一个在昙华山上备受崇敬的彝族姑娘，咪依噜能歌善舞、美丽端庄、貌若天仙、淳朴善良。与彝族青年郎朝列若是一对情投意合的恋人，为了拯救乡亲，在“天仙园”内与残害乡里，任意糟蹋、蹂躏彝族姐妹的土司一起饮下含有剧毒的白马缨花酒。聪明的咪依噜为了除掉残暴的土司，保护彝家姐妹不再被糟蹋，勇敢地献出了自己的生命。咪依噜的情郎朝列若得知咪依噜进了“天仙园”喝下白马缨花酒，口中喊着心上人的名字咪依噜，走遍了昙华山的山山岭岭。他哭干了泪水，两眼流出鲜血，鲜血一滴滴地把昙华山上的马缨花染红了。从此，昙华山春天开放的马缨花变成了

血红色。这天是农历二月初八，从此昙华山的彝家人就把这一天定为盛大的节日——插花节，以表示对咪依噜的纪念。由于当日咪依噜是头插鲜花为民除害的，彝民便把这视为驱邪纳吉的象征，遂有了头插鲜花和互相插花以祝福吉祥的习俗。

于是有了千柏林祭花神，在房前屋后、牛马头上插花祈福的形式。确切地说不仅是给献身天仙园除暴安良的彝族少女咪依噜有个交代，而且给山村平添了几多情趣。诸如彝家美食展示、彝歌传情、播种爱情、选花仙显服饰、毕摩驱妖斩鬼神等活动，虽不能登大雅之堂，却引得文人无数、商人万千。一茬又一茬的艺术家、文学家、商家前呼后拥，向昙华走来，每个家又牵连着喧闹的背景，在这里举行着横跨几千年的游行。色彩艳丽的衣饰使我们眼花缭乱，欢腾的彝族歌舞使我们满耳轰鸣。在别的地方，你可以蹲下身来细细赏玩一块碎石、一条土埂，观赏一片树叶，在这儿完全不行，你也被裹挟着，身不由

吹唢呐

马缨花女

已，踉踉跄跄，直到被文化的洪流消融。在这儿，一个人的感官很不够用，那干脆就丢弃自己，让无数双艺术巨手把你碎成轻尘。

说到底，到此处看的是风景，观的是人潮，尝的是味道，感受的是文化。

5. 高脊映与昙华情结及其他

人是一种奇怪的东西，思维模式总是依附生活环境、生活空间。这里的人们潜意识中，崇尚虎，敬山，爱山，敬花，爱林，是

小彝女

与生俱来的，他们坚信万物皆有灵。于是有了逢山祭山、遇水祭水、见花祭花之实，成就了自然崇拜之意，表明了自我信仰之心，迎合了心里追求之需。

按理说，这里的人心中没有佛，对佛的概念一无所知。然而，无独有偶，曾经风靡一世的骑白马的卢舍那佛一改往日的常态，乘虎（宋代昙华佛面石刻）历经千辛万苦来到山里安家落户，让众生平等、慈悲为怀的果子落地生根且枝繁叶茂。于是，在山里，有了红墙碧瓦的寺观，有了“南无阿弥陀佛”的梵音。于是，卢舍那佛便入乡随俗，头戴面纱，身披长衫，面带微笑，怀慈悲之心，骑上老虎，立于群山之巅，眺望远方天国，祈祷平安。那丝微笑，把神性人化，付诸造型，又用造型引发神性。于是，它成了民族心底一种彩色的梦幻，一种圣洁的沉淀，一种永久的向往，留下永恒。

智者乐水，仁者乐山，一个生世显赫，自小学习刻苦，成年后研究诗经子集，才高八斗，学富五车，官居高位且多少有些儒雅之气的清朝著名学者高奣映（问米居士），是个大大的智者，是一个有情怀更有情绪的人。他不迎合、不证明，置庙堂于不顾，毅然跑到这里，闲云野鹤，与山村野老为伍、青灯古佛为伴，隐于昙华觉云寺。大隐隐于朝，中隐隐于市，小隐隐于野，他真正做到了小隐，实属不易。跳出三界外，不在五行中，礼佛、磨性子、做学问更不易。许一山烟雨，度一世情缘，如果往事可以下酒，便是一场宿醉。高奣映与昙华山确实缘分不浅，于山林中留下无数精美石刻，身穿袈裟，项挂佛珠，腰系葫芦酒壶，手托下颚，悠然自得，潇洒至极。一首诗文：“柴门虽设未尝关，闲看幽禽自往还。尺壁易求千丈石，黄金难买一生闲。雪消晓嶂闻寒瀑，叶落秋林见远山。古柏烟消清昼永，是非不到白云间。”道出了这里的自然风光，山水地貌，人文情怀，人生态度。大有“采菊东篱下，悠然见南山”的派头。何等气概！

插花

生命，是山一程水一程，一段苦行的旅程。只要用心去感悟、去追求、去创造，抛开尘世喧嚣与纷扰，那是回眸一笑的洒脱。拥有一片属于自己的心空，听流年如歌，品享一份唯有自己体会的愉悦。无论季节冷暖，岁月依然静好。问米居士又何尝不是这样的呢？

因此，看山不是山，看水不是水，看花不是花，才是奥妙所在。懂得鉴赏，放下世俗，理解精髓，领悟人生，才是境界。

6. 文人与昙华山

山水之美可以娱情，人文之美可以益心，昙华之美，娱情亦益心，驻足高氏石刻福山寿海图前，凝神注目雪君“醉心”像，神思飞驰。清人王安廷在《雨后望昙华山》和《昙华山觉云寺题壁》中分别是这样写的：“好山如好友，常对不知厌。若教一日违，不胜刻刻念。平生豪气喜凌空，欲排阊阖

披天风。坐觉昙华千万丈，气概与我将勿同。以此登高常一望，若逢好友屹相向。五岳相长方寸间，缭绕氤氲不可状，适来雨过更翻新，峰岭侧横皆嶙峋。空青窅与苍翠合，始见太古真精神。我且招手当林隈，山不能来使云来，抱云归放山窗下，欲作甘霖户始开。”“策马披云最上头，丹梯偕我是初游。山撑寒碧天弥近，地接空青气下浮。袖底罡（音纲，北斗星）风携峭壁，檐前霜叶护危楼。 霞峰万丈红尘小，醉起中宵问斗牛。”还是清人陈沛、钮金章在《昙华雪》中如是说：“老衲终朝尽闭关，园林付与鹤安闲。琼花棋树春常在，绿草红尘望总删。谁向此中开玉嶂，不知何地是昆山。添香料有梅开早 ，愿策青驴一跻攀。”“昙华峻岭逼青霄，积雪经春尚未消。万树松钗常缀玉，一池柳线尚封条。白迷樵径通幽谷，银锁禅关接断桥。每动高吟驴背客，峰头危坐盼三姚。”清人何闳中云：“连云一蹬一行回，点滴尘嚣引不来。梦泡欲惊飞白浪，诗魂未冷□苍苔。岩所老公生法，墨迹流酣洛下才。字字早知鬼神泣，松□□□雨花台。”清人华昌赋诗：“禅林寂寂暮云遮，凿险探幽兴倍赊。高士芳纵留介石，诗人风味属昙华。苔痕苍翠浓于染，碣字消磨句已差。此日登临凭吊古，西风几度夕阳斜。”高雪君还说：“月影低留地，云痕涉楼空。不高不下处，跋手待山公。”也说：“香龛花窦刀锋横，影落寒苔不世清。日有羲皇落枕上，松风莫怪汉秦声。”又说：“净扫尘埃，明月当台，任檐前红叶铺阶，白云腾去，清风徐来，看卷经，礼时佛，且徘徊。”不屑与人相争，平然淡泊此生，心存一个闲字，其他随了秋风。真是一个闲情雅士，与昙华山水如此绝配。

7. 一个彝族舞者的独白

与问米居士（高奣映，字雪君，号问米居士）相比，杨森

昙华寺

属山野村夫，游离于山野的歌者、舞者、乐者，对山村的生活，观其行，闻其声，解其意，悟出了一种前无古人、后无来者的歌舞，叫彝剧。开创了彝族剧种先河，使散落于山村民间的说笑逗骂、彝歌小曲登上了大雅之堂，填补了戏曲无彝剧之空白并载入史册。一出彝剧《半夜羊叫》震动朝野，且远走东洋。于是，杨森其人声名远播，成为彝剧创始人，昙华成为彝剧诞生地。何等精妙！

8. 昙华美食

家，生命开始的地方，人的一生走在回家的路上。在同一屋檐下，他们生火、做饭，用食物凝聚家庭、慰藉家人。平淡无奇的锅碗瓢盆里，盛满了中国式的人生，更折射出中国式伦理。人们成长、相爱、别离、团聚。家常美味，也是人生百味。肉食是昙华村民食谱的主角，地少山多、放牧传统滋生出粗犷的烹调。地道的羊汤锅在烹煮过程中不加任何作料，块大量足，火最让肉出彩，大灶旺火，120 分钟才可出锅。中国烹饪无比神秘，难以复制。从深山到闹市，厨艺的传授仍然遵循口耳相传、心领神会的传统方式。有一千双手，就有一千种味道。祖先的智慧，家族的秘密，师徒的心诀，食客的领悟，美味的每一个瞬间，无不用心创造。取自放牧山林的羊肉，在煮制时的变化无法目测，完全凭借经验。1 小时后，炭火释放羊肉的鲜味，清香扑鼻。肥肉的油腻已经被火抽得香滑，瘦肉筋道弹牙，肥瘦相宜，肉嫩汁多。几乎所有的人都认为这里的羊肉质地最佳。不加盐是炖煮的关键，盐作为强电解质会破坏羊肉的细胞膜，使肉质中的水分渗出，失去弹性，口感变老。近两个小时的文火炖煮，肌肉纤维软化，饱含水分。羊肉不腻不膻，丰盈鲜美。装盆之前，盐才会登场，既增加口味，又不影响熟肉的口感，入口滑润脆嫩，保持了食材的原味，是一种素面朝天的鲜美。花椒和辣椒的香艳相逢，不仅是味蕾和神经之间电光火石般的碰撞，两奇妙的香料，携手闯荡羊肉汤锅，不仅塑造了昙华火热的彝家味道，也让羊肉汤锅红了大半个彝乡。

越是弥足珍贵的美味，外表看上去，往往就越是平常无奇。昙华洋芋是孩子们的最爱，这是山里人发明的美味，让一种最朴素的食材出落得活色生香。彝族人善于在平淡的生活中创造出美食，美食也是人们超越困境的心灵慰藉，在极端环境中更是如此。

❶ 咪依噜雕塑

❷ “中国民间文化艺术之乡”

9. 山顶上的村庄

借用地理学的术语，这是典型的高原地貌，再准确一点儿说，这是千万年前地壳运动塑造的山与地。从大的方面讲，是云贵高原；从小的地域看，是滇中腹地百草岭山系。偶尔出现平地，其余都是连绵群山，起起伏伏，村落散落其间，青山隐藏房舍，云雾缭绕，缥缥缈缈，天上人间。

老乡们却绝少这样看风景。他们更相信祖辈人嘴上留下的传说。说是上古时候，玉皇大帝的七个女儿，偷出天宫，遨游天国，漫天飞舞，嬉戏于无形。当她们飘到这地界时，七仙女看到这里云蒸雾罩、景致奇幻，竞相观之，七妹手指一画、指尖一弹，一山透过霞光呈现在云端，此山便成了天庭的后花园。于是，有了后来天仙园的说辞。于是，有了昙华山并拦住了远方漂来的葫芦，也就有了传说中的昙华彝族“葫芦姊妹”的来历。据说，上古时候，天地一片混沌，洪水滔天，有一只葫芦在洪水中，漂了七七四十九天，葫芦被昙华山拦住并炸开，跳出兄妹两人。后来兄妹结婚，繁衍了彝族后代。彝族的“葫芦姊妹”传说与中国神话的“挪亚方舟”故事如出一辙，彝族古老部落的雏形也许就是这样的吧！这种说法虽然有些荒诞，但毕竟有了生命的因子，留下顽强的生命力。在极不规则的地表之上，他们竟顺势建起房舍，形成村落，刀耕火种，放牧养畜，婚丧嫁娶。过着一年十八个月的日子。

于是，在这仙女的玩耍之处，人便一辈辈繁衍下来。虽然活得不是那么轻松，但也能于春种秋收之中，哼哼彝调，跳跳彝舞，整整彝绣，喝上几碗小锅酒，吃上几块彝家山猪肉，熬上一锅羊汤锅，端上一盆肝生肉，吸着旱烟，有滋有味，美哉美也！

这一带的地貌的确奇特，令人看上——眼便会终生难忘。

山峦奇形怪状，什么“蒸人甑子煮人锅”、鬼门关、奈何桥等等，山势纵横陡峭，人在大地上行走，突然，脚起脚落刹那，路便没有了。伸头一看，脚下便是直上直下的悬崖，有的深达数十丈，甚至百丈，令人头晕目眩。而身后，人刚才走过来的地方，明明是平展展的土地，生着庄稼，长着树木，流着河水，跑着牛、羊，还有一座座木结构（垛木房：井干式建筑）农舍和用麻秆隔成的农家小院，从里面，不时传来鸡鸣、羊叫与娃儿的笑声。真是“板桥人渡泉声，茅檐日午鸡鸣。莫嗔焙茶烟暗，却喜晒荞天晴”。

忽然，一群漂亮的狗儿你追我逐地奔了来，撒了欢儿地在地上跑着、跳着、扑咬着，尽情地嬉戏。陡然间，山那边一声声一阵阵飘来，激情高昂、婉转悠扬而又悲壮的彝调，这是汉子的声音。声音于崖上崖下，山峦山箐巨大的空间之中，显得格外雄浑与苍凉。女的便会于雄浑苍凉之间，夹杂上缠绵悱恻的韵味。一曲《梅葛》古歌荡气回肠，演绎着人世间多少悲欢离合、离合悲欢，歌者欢之乐之悲之，听者喜之笑之动容之。

日暮苍山远，天穹茅屋悬，柴门闻犬吠，清风夜归人。一忽儿，月上山头，斜阳照亮高崖，清辉洒满大地，崖上崖下、山峦山箐便一起进入了这里才有的独特世界。一个火塘，一壶酒，一堆烧洋芋，清香的荞

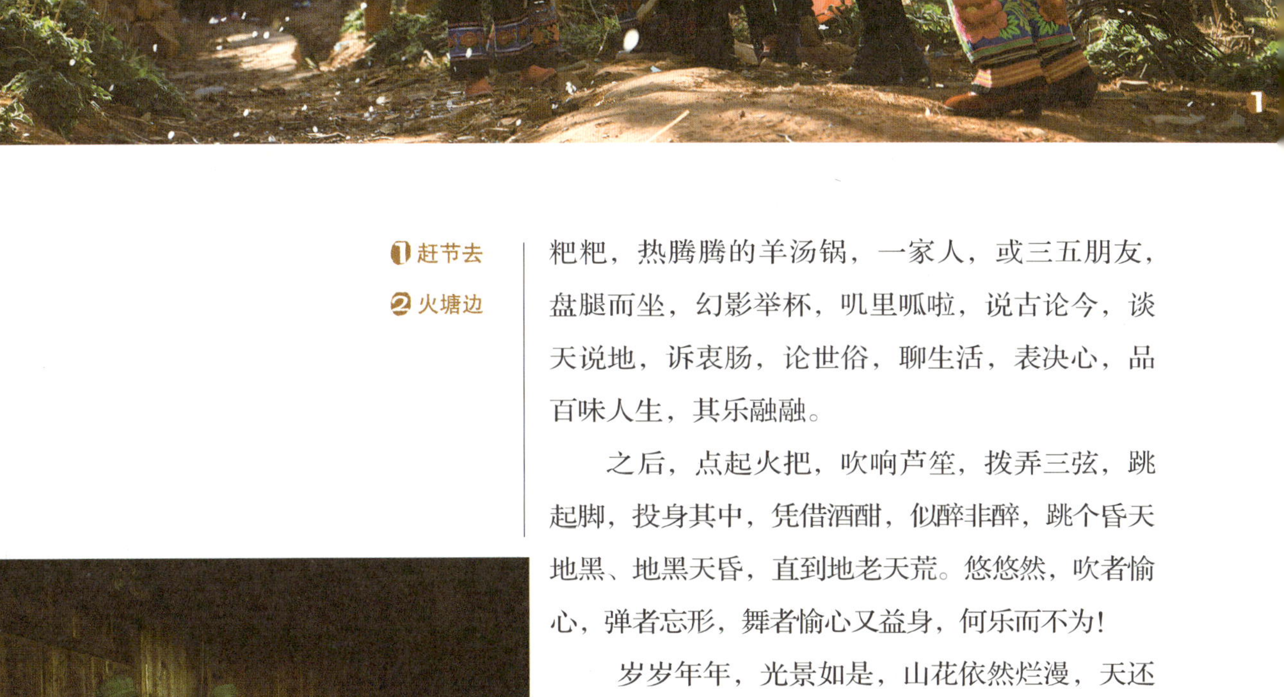

①赶节去

②火塘边

粑粑，热腾腾的羊汤锅，一家人，或三五朋友，盘腿而坐，幻影举杯，叽里呱啦，说古论今，谈天说地，诉衷肠，论世俗，聊生活，表决心，品百味人生，其乐融融。

之后，点起火把，吹响芦笙，拨弄三弦，跳起脚，投身其中，凭借酒酣，似醉非醉，跳个昏天地黑、地黑天昏，直到地老天荒。悠悠然，吹者愉心，弹者忘形，舞者愉心又益身，何乐而不为！

岁岁年年，光景如是，山花依然烂漫，天还是那片天，星空还是那片星空，星星还是那颗星星，月亮还是那个月亮，山还是那山，水还是那水，人还是那人，心还是那颗火热的心，山村还是那个山村，庭院还是那个庭院，柴门还是那个柴门，只是未曾关 。

大姚彝剧

穿彝装，唱彝调，演的是彝山的事，甚至说的也是彝话。这样的民族特色使它明显地区别于其他任何剧种。它别具一格，清新，令人刮目。彝剧有“羊膻味”“松毛气”，深受彝族群众喜爱。

爬行在曲折峻险的山道上，嬉戏于昙谷蔽日的丛林中，沐浴在腾空飞落的昙谷瀑布下，听着古老的创世史诗《梅葛》，耳朵变得越来越清晰，心灵变得愈来愈清澈。行走在当年彝剧的诞生地麻秸房的小山村之中，白色的樱花开满寨，片片树林发出新芽，山涧传来声声《玛嫫若》调，箐里清泉流着永不停止的音符，坦荡、纯净的旋律让人感受到村里人的幸福人生，及彝剧存在的意义和价值。

昙华从远古到现在都是彝族聚居地，虽无法找到文字记载的历史，但从口头流传的丰富的民间文学、神话传说和民间歌舞来看，这些民间文学在彝族传统文化中占有举足轻重的地位，真不愧是中国彝族文化的“活化石”。这些民间文学所讲述的就是一个古老的昙华和一个勤劳、智慧的民族。彝剧的产生固然有多种原因，但跟昙华彝族悠久的历史是紧密相连的。大姚彝剧，是一个剧种、一种精神、一种内涵、一种奉献、一种脊梁，也是一种自然形成的剧种。彝剧的声腔来源于本民族民歌小调，是彝族人民在生产劳动、跳乐、对歌中产生的。音调委婉、高亢、起伏性大，调式、唱法丰富多彩；风格清新、优美、流畅，富有民族的乡土气息，

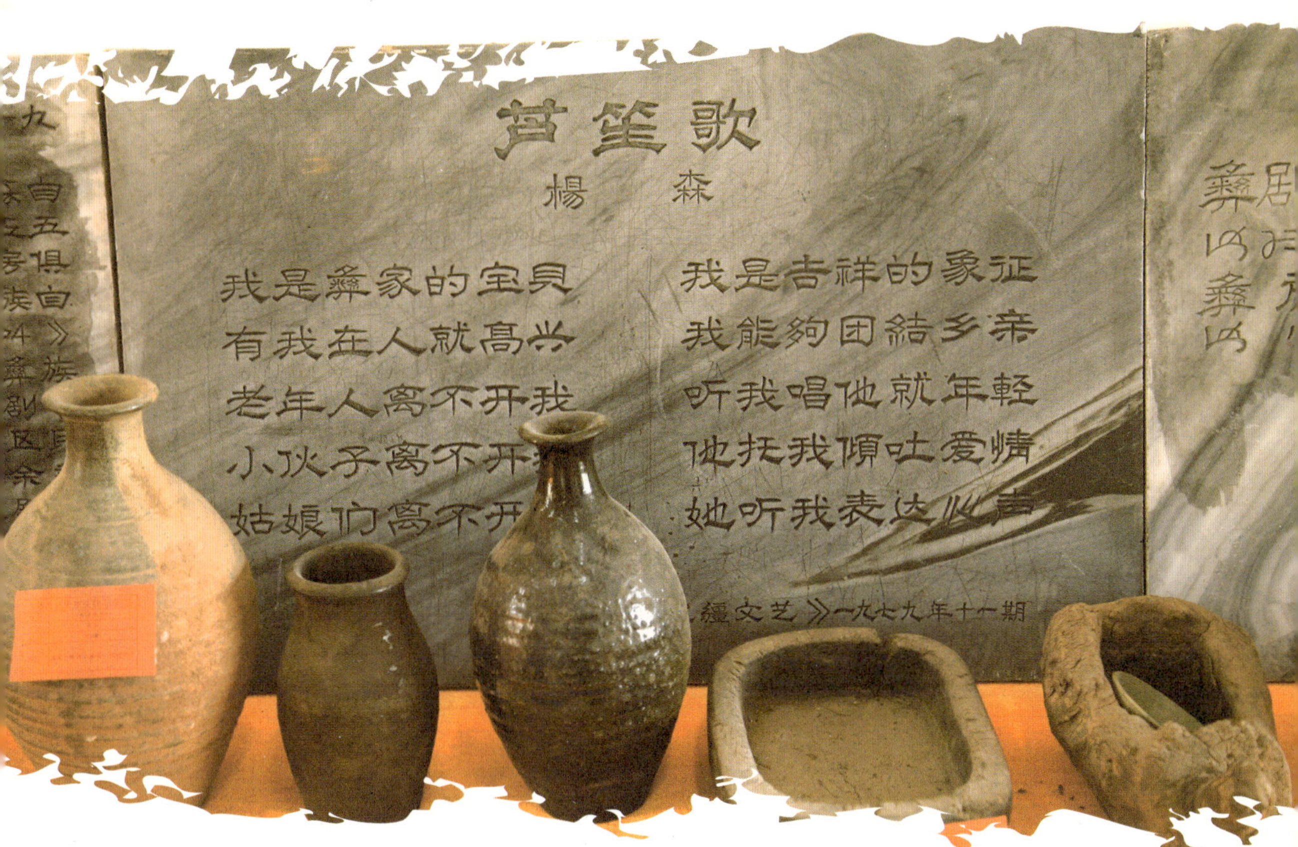

可塑性很强。

昙华乡麻秸房高级社都是彝族农民，当时，在全村 220 人中，只有两三人初识文字。1955 年 4 月，根据当时的文艺宣传方针政策，社里决定建立一个民校，昙华子米地小村人杨森到麻秸房社任民办教师，动员了小社里年轻的、有基础的 18 个青年入学。任教的杨森年轻、热情，酷爱本民族的歌舞。因从小就深受彝族民歌小调的影响，能唱很多彝族民歌，特别是彝族情歌——《玛嫫若》更是信手拈来。1956 年，学员由 18 人发展到 48 人。通过学习，有 11 人认识了一千字左右，基本能读书看报。相对宽松的政治环境，促使文艺出现“百花齐放、百家争鸣”之势。杨森同志就着这股春风，在麻秸房社白天教书，晚上组织社员唱彝歌。开始，组织起来的都是青年男女，唱的都是表达爱慕之情或是相思之苦的《玛莫若》调。后来，随着队伍的逐渐壮大，以杨森为主的一些同志受到电影和其他戏剧的影响，建立了俱乐部。大家自愿地集中笛子 10 支、喇叭 4 个、弦子 2 把、葫芦笙 2 个，文化馆提供 30 本图

1 1982 年昙华业余彝剧团演员

2 1958 年昙华业余彝剧团演员

书，群众捐赠 183 本图书。俱乐部订了 3 份农民报、1 份农业技术小报、1 份扫盲报。晚上，都要求老年人吹起来、青年人弹起来、妇女唱起来、姑娘小伙跳起来。后来，俱乐部向文化馆借了 1 架幻灯机、4 套幻灯片、8 块玻璃。俱乐部活动展开后，学员们将报纸、图书、笛子、弦子、响篾都装在腰包里，做到“五不离身”。

昙华山神奇的自然景观和丰富的人文景观融为一体，其物华天宝又兼具人杰地灵的特质给世人留下极大的想象空间。作为楚雄彝州大好河山的一块瑰宝，令世人神往，让我们走进钟灵毓秀、自然天成的昙华山，去感悟她歌舞乐的玄妙、彝剧的神韵。彝剧继承本民族的艺术风格，这是彝剧发展的基础。本民族独特的艺术风格，是联系本民族广大群众的重要纽带，它愈鲜明地突出，联系的群众面就越广泛，就越能为中华民族戏剧艺术宝库增加奇珍异葩，更加丰富中华民族戏剧艺术的光彩。彝剧是新兴的剧种，但本民族艺术传统却非常雄厚。

1957 年，18 个学员摘掉了文盲“帽子”，民校学员增加到 76 人。于是组建了文艺组和业余技术研究组，编些小剧。以彝剧创始人杨森为首的宣传组，编演了《狼来拖羊》《筛子不漏水》《牧羊在森林中》《半夜羊叫》《曼嫫与玛若》等一

《半夜羊叫》剧照

批彝剧。《半夜羊叫》反映的是加入农业合作社前夕，农民力立颇半夜偷羊杀，经帮助后，带着羊积极加入了合作社。它讥讽和批判了力立颇的自私，表达了农民对合作社的爱护。这和当时的现实是合拍的。《曼嫫与玛若》则是取材于民间传说，歌颂纯真爱情的爱情剧。这两出戏的戏剧性非常强，戏剧冲突强烈，结构完整，乡土语言格外优美动人；音乐方面大量吸收了群众熟悉的《爬山调》《放羊调》《梅葛调》等山歌小调的旋律，用民族乐器伴奏；表演上则糅合了不少民间舞蹈形式；演出时还使用了布景。

红火的马缨花，不时从树枝中绽放，那是二月八插花节别样的招呼吗？眺望千柏林，依依话别咪依噜、鬼门关与奈何桥，流传着千年绝唱……知名或不知名的漫山野花，柏树、华山松，挺拔、孤傲，深深扎根在瘦土岩隙，成为人间仙境，彩昙的代言。千柏林彝剧舞台下留个影，翠柏岿然无语，人的心中，却刻下一

国家级非物质文化遗产
彝剧
中华人民共和国国务院公布
中华人民共和国文化部颁发
2008年6月

❶ 彝剧创始人杨森

❷ 国家级艺人李茂荣

❸ 彝剧获国家级非物质文化遗产保护名录

杨森雕塑

生难忘的印记。

1958年3月，楚雄专区召开全区农村俱乐部会议，彝族民间艺人杨森到会表演了《半夜羊叫》片断。会后，省、专区、县先后派专业文艺工作者到昙华进行指导。同年4月15日，楚雄彝族自治州成立。在建州庆典大会上，麻秸房俱乐部到会演出了《半夜羊叫》。10月，文化部在大理召开西南区民族文化工作会议，县红旗人民公社（今昙华乡）业余彝剧团参加会议并演出了《半夜羊叫》《青年人的心》等剧目，受到了与会代表和文化部夏衍副部长的肯定。

昙华马缨红似火，1962年大姚昙华业余彝剧团参加云南省民族戏剧观摩演出大会，演出了修改本《半夜羊叫》和《曼嫫与玛若》，受到省内外戏剧工作者和广大观众的热烈欢迎。《半夜羊叫》经过改写，已经成了一出四场的彝剧，已基本具备了作为综合艺术的戏剧所必须具备的条件。至此，彝剧正式作为一个民族剧种，出现在祖国社会主义的文艺百花园中。

带着对生活的向往，及对本民族自己剧种的发展和眷恋，麻秸房俱乐部努力地走过人生的渡口。吹拉弹唱赞生活，马灯下面度春秋，歌舞的和谐，生活的纯美，火火的热情，默默地奉献，美了山川，醉了人心。新鲜剧种具有强烈的民族特色和地方特色。穿彝装，唱彝调，演的是彝山的事，甚至说的也是彝话。这样的民族特色使它明显地区别于其他任何剧种。它别具一格，清新，令人清新刮目。彝族群众说彝剧有“羊膻味”“松毛气”，深受彝族群众喜爱。除此之外，彝剧还具有鲜明的时代性，除个别剧目取材于民间传说外，基本上都是取材于当时当地发生的事件。观众看的是自己的事或是自己熟知的事出现在舞台上，进一步了解了文化生活，具有积极有效的教育意

义。彝剧是地方民族剧种，源于大姚县昙华乡彝族民间传统山歌、小调、舞蹈及宗教祭祀活动，并受汉族花灯、滇剧和其他民族剧种的影响，逐渐演化成以彝族语言、音乐、舞蹈等形式完备的戏剧表演故事的彝族戏。这个新兴剧种，无论从表现手法和表现风格上来讲，都具有鲜明的时代性、强烈的地方特色和浓郁的民族风格。 大姚彝剧于 2008 年 6 月被公布为第二批国家级非物质文化遗产保护名录。

1 带血的马缨

2 微电影《彝剧》剧照

歌舞梅葛溢芬芳

大姚是梅葛之乡，是梅葛流传的中心。梅葛是大姚彝族文化、历史神话、宗教、天文、哲学的宝库，各种彝族文化通过梅葛世代流传下来。

1. 彝山瑰宝——梅葛

有些日子是特殊的，也是值得记住的，特别是昙华梅葛的发现和对外发布的日子是值得永远记住的日子。这一年是1958年，中国作家协会昆明分会组织昆明师范学院中文系55级师生深入大姚昙华搜集彝族创世史诗《梅葛》。

有些人是值得纪念的，特别是对彝族长诗《梅葛》的传承和对外宣传的人，大姚昙华乡子米地嘎利么的李申呼颇、杨森、李映成，特别是李申呼颇口头传承了近一万行的《梅葛》。1959年4月梅葛调查队回到了昆明，在省文联的指导下，出版创世史诗《梅葛》，引起了全世界的重视，人们把它称作彝族社会历史生活的“百科全书”，彝族人把它看作是“彝家的根谱”。1961年郭沫若到楚雄时赞扬《梅葛》“百花齐放在边疆，十二兄弟聚一堂。造天造地齐努力，歌舞梅葛溢芬芳”。

《梅葛》反映了彝族人民对人类社会和自然界的认识和理

解，也反映了彝族的哲学思想和观念及宗教意识、风俗礼仪。折射出纯朴的道德观念。

大姚是梅葛之乡，是梅葛流传的中心。在新中国成立前梅葛是大姚彝族文化、历史神话、宗教、天文、哲学的宝库，各种彝族文化通过梅葛世代流传下来。

梅葛是彝话的汉字注音，彝语“梅”意为“嘴、唱、说”；“葛”意为“过去”“历史”“回转”。梅葛意为“唱说过去”“唱说历史”“说古唱今”。

《梅葛》是大姚彝族的一部长篇史诗，广泛流传于大姚昙华、桂花、三台、铁锁、湾碧、六苴、赵家店等彝族地区。《梅葛》是反映大姚彝族远古先民的宇宙观、哲学观，是彝族先民关于宇宙、人与自然关系的史观，内容包罗万象，是一部史诗、一部百科全书。

由于大姚彝族没有彝文，《梅葛》都是由毕摩代代口承传唱下来，是一部通过民间口头文学、对歌、节日方式传承下来。大姚《梅葛》有很深的群众基础，60% 以上的人都能传唱。同时也使大姚《梅葛》具有神秘感。外界很少知道彝族有《梅葛》，受外来影响较少，使梅葛原汁原味流传下来。直到 20 世纪 50 年代，外界才知晓大姚的瑰宝——梅葛。五六十年代是大姚搜集整理《梅葛》的黄金时期。

新中国成立，云南的解放，自治州的成立，党的民族政策和文化政策在大姚得到很好落实。全国上下形成了搜集发掘少数民族民间文学的气候。同时，一批在外工作的彝族干部开始向外介绍梅葛。大姚梅葛如一束飘香迷人的奇葩，又如夏天原始雪山上吹来的凉风，惊醒了一批文化工作者。1957 年、1958 年文化部在全国范围内开展采风活动。1957 年，徐嘉瑞先生，1958 年郭思九先生带领云南省民族民间文学楚雄调查队到大姚搜集整理梅葛。且当时有一个政治背景，1958 年 10 月省委决定将姚安、永仁、大姚、盐丰四县合并为大姚县，就选择大姚一个县的梅葛。大姚的梅葛由中国作家协会昆明分会、民族民间文学委员会编入《云南民族民间文学资料》第二期，于 1959 年 4 月出版。就这样，久待闺中千百年后，终于得到世人的问津。大姚梅葛公开出版发行在国内外产生了较大影响，被翻译成各种文字，引起了文化界、学术界人士的关注，许多国内外学者慕名来到梅葛之乡大姚调查访问。当时，复旦大学蔡思忠先生看到梅葛后说："梅葛可与《诗经》媲美。"1961 年郭沫若经过楚雄时留下了"造天造地齐努力，歌舞梅葛溢芬芳"的赞美诗篇。当时，中国社会科学院民族研究所教授刘尧汉倡导再次搜集调查《梅葛》。

1985 年，由国家民委、文化部、中国民间文艺研究会决定，由云南省民间文学委员会编辑出版的《云南彝族歌谣集成》收集了流传在大姚的梅葛近 50 篇。

1993 年 10 月云南人民出版社出版了姜荣文同志撰写整理的《蜻蛉梅葛》。

同时各类报刊也相继刊发了大量研究大姚《梅葛》的文章。

2. 活着的历史——梅葛

梅葛分为赤梅葛、辅梅葛和生活梅葛。又分为创世梅葛、生活梅葛。昙华地区最常用的是赤梅葛。在为死者送葬出殡前夜，都要请毕摩去唱梅葛，歌颂他在世时的功德，唱出子孙对他的感谢及怀念之情，还要指明死后的去处。请另一个世界的人迎接他、照顾他，使他在另一个世界好好生活，同时送葬出殡的子女也坐在帷帐

前唱梅葛，表达悲伤和怀念之情。如有“阿嫫你去吧，去你想去的地方，去找你的祖先，从昙华到石羊，从石羊到宾川，从宾川到大理，从大理到天上，见河要搭桥，见树要绕开，一路走好，到你安息的乐园”等。桂花一带至今还流行人死后每年农历十月祭鬼，做冷斋，为亡魂指路超度，请毕摩来唱梅葛。从开天辟地唱到现实生活，祭祀活动少则 1 天，多则 7 天，要将梅葛唱得神知、鬼知、人知。

辅梅葛是喜梅葛，在建房、办祝米酒、节日等喜事时唱。起房建屋都请毕摩来唱梅葛，规模大的请人对唱。多到 2 至 6 人，对唱梅葛内容有：创世造物、天文地理、盖房调、驱鬼神、敬鬼神、山神等。

吹唢呐

生活梅葛也称杂梅葛。这种梅葛借古梅葛调，唱现实生活，可唱古说今，可即兴发挥。如老人娱乐的对唱调，青年男女相遇时的玩戏调、情歌调，“爬草楼”时的对唱调等，生病时的治病调等。

在祭土地神、山神、龙神、牧神、祭祖、招魂时都会唱梅葛。

多数的梅葛是由毕摩代代相传，如《创世梅葛》《指路》《万事万物》《冷斋调》。

生活中的现实的梅葛，多由民间歌手相传，如恋歌《祭神》。

梅葛的传唱有自己的原则。一是大事、要事、节日必须由有资格的毕摩才能唱，而且有法定仪式，有道场，场面庄严，非常神圣、神秘。二是回避原则，男女青年唱梅葛要远离长辈、村子，大多在山上对唱，去打跳处唱。三是到那山唱那调原则，到那村唱那调，既唱梅葛，又拉近感情。

3. 歌舞梅葛溢芬芳

《蜻蛉梅葛》分三部，第一部创世纪篇共两篇：（1）开天辟地篇，（2）万事万物篇。第二部恋歌共两篇：（1）生命篇，（2）恋歌篇。第三部祭歌共11篇：（1）灵魂神，（2）指路，（3）花神，（4）祭雷神，（5）祭山神，（6）祭岔树鬼，（7）祭天地，（8）祭岔鬼，（9）祭咒神、白虎，（10）祭喜龙神，（11）做斋。

徐家瑞、郭思九在大姚县华山搜集的梅葛分为四部。第一部分五章：第一章开天辟地，第二章造工具，第三章盖房子，第四章相配，第五章盐。第二部分两章：第一章成婚，第二章请客。第三部分芦笙。第四部分三章：第一章刻木祭母，第二章死亡，第三章怀亲。

以上梅葛有以下几个艺术特点：

（1）口语文学的流动性和创造性。由于大姚梅葛是口语文学，不同地区，同一主题演变为不同的异本，如大姚昙华梅葛与三台、桂花会有些不同，这是和《梅葛》的口头性承传分不开的。《梅葛》靠口头在彝族民间保存，靠演唱在彝族民间流传，经过彝族人民群众长期不断地加工和提炼，所以在语言艺术上显得十分的质朴和生动，很富有表现力。

（2）彝族创世史诗《梅葛》一个显著的创作特色是层次分明、线条清楚、主题明确。根据内容需要，采取了一种母题包孕着子题，大问题套着小问题，一个问题连着一个问题，回答了一个问题又派生出一个新问题的层见叠出的结构。由此及彼，一环紧扣一环。没有天，要造天；没有地，要造地；天地造出来了，又得繁衍人类，人要生存，先是狩猎，打来的野物不够吃，又得种庄稼；种庄稼要开垦荒地，又得制造生产工具；制造工具，又得先去寻找铜和铁，找到了铜铁，又得种植竹子，用竹子编织成竹篮，把铜和铁运送出去找会打制工具的人；会打铜铁工具的人又得先有一套打铜铁的工具……就是这样层出不穷、丝丝入扣，最后终于形成了一个宏伟壮观的结构，向人们清晰地反映出

李正和与其弟子

古代彝族广阔的社会生活，并因此弥补了其故事性不足的缺点，引人入胜而历久不衰。

彝族创世史诗《梅葛》在这种层见叠出的结构中，并不只是停留在层次分明的环环相扣上，而是经过了巧妙的安排，注意了详略得当、虚实相对，非常富于变化。有时是平铺直叙，简练明了；有时是浓墨重彩，淋漓尽致；有时是叙事形物，朴素生动；有时则是主客或男女对唱，一问一答，活泼有趣；有时是避虚就实，如开天辟地。《梅葛》不是去写怎样造天造地，而是写造天的儿子们是怎样的贪玩和造地的姑娘们是如何的勤快；而有时却是避实就虚，譬如男女婚配只写一段造葫芦笙的故事后就引出怀孕、生子。尤其是在一些比较虚幻空泛的章节，往往插入一个细节来加以照应。这样就把虚泛的叙述同人们的日常生活给联系起来，不仅让人觉得易于

理解，而且还可让人们用自己的想象去领会一个更广阔的世界。像这般虚实、详略、疏密彼此照应的例子，在《梅葛》里面是很多很多的。总而言之，《梅葛》整部史诗的艺术结构十分巧妙，其诗文行字有如峦峦叠翠的群山，曲掩折映，有如群波起跌的金沙江，跌宕多姿，构成了一个和谐匀称的有机整体。因此，《梅葛》尽管没有完整的故事和情节，且说理、叙述也较多，但是并不显得单调沉闷，也不令人觉得空泛和枯燥。

（3）《梅葛》采用赋、比、兴手法。《梅葛》本身带有浓厚的神话色彩，尤其是第一部“创世”，其本身就是神话传说的结晶体，是人类大胆想象的产物，所以诗行中充满了赋、比、兴，非常有趣。

赋：譬如大地上为什么会有山川河流？地层为什么会分出了高低？《梅葛》的回答是：在开天辟地的时候，本来是要把天造得像一把伞，把地造得像一座桥，但是由于造天的儿子们贪玩，把天造小了；而造地的姑娘们手勤脚快，把地造大了。怎么办呢？

可见，这般描述是多么神奇，甚至出奇地荒诞，但又十分耐人寻味。麻蛇能够箍住大地，蚂蚁能咬地边，野猪和大象能拱出地边，这一切实际上是根本不可能的。但现实生活中，麻蛇会箍，蚂蚁会咬，野猪、大象会拱却不可否认。显然，一种极致的夸张，同时也是一种异乎寻常的想象，是彝族先民根据自己的个性表现出来的自然。这种夸张，不是无凭无据的虚无缥缈的夸张。这种想象，不是脱离实际的空想，而是根源于社会生活、根源于斗争实践的艺术想象。《梅葛》在夸张、想象艺术手法的运用上，还带有强烈的个性和浓郁的感情色彩。对于客观事物中某些微妙的东西，一旦感知，并且加以大胆的夸张和想象，甚至会表现出一种新的创意。

比：《梅葛》第三部“婚事和恋歌”中的“相配”，按原意本来应该是一个说明性较强的章节，但由于在创作中大量地运用了别致的夸张和异乎寻常的比喻，而且还带上了浓郁的感情色彩，因此不使人感到枯燥乏味。如，我到你的房前转，房前李花开。我到你的房后站，房后桃花开。你在织布架上坐，你的脸面比李花好看、比桃花好看。

1
彝園
若個英雄漢
一枝馬纓花
2

兴：春风一吹，树木花草都要发芽开花，鸟兽虫鱼也要发芽开花，连人类也要忙着发芽开花，一连串的排比句子，把一个“千里草啼绿映霞”的春天渲染得热热闹闹。

真是让人觉得诗意盎然！不仅植物要发芽开花，动物也会发芽开花；不仅有生命的要相配，连没有生命的物质也要相配。这是一种多么神奇幻丽而又优美动人的夸张和想象啊！

（4）《梅葛》在语言艺术方面，善于捕捉生活中的细节，有着很高的成就。如《造火》中，查麻颇火起，用石块去撞干木，撞了有九天，干木起火星，点燃了干草，烧着了树皮。火烧了八十一个昼夜，烧了九山十八坳。飞鸟烧死了，走兽烧死了。准确地表现出人物的思想感情。

4. 开天辟地彝人

很古的时候\望天天不见\踩地没有地\雾云升腾\分不清天地\哪个来造天\哪个来造地？婆婆盘王来安排\麦婆约来造天\先说若来造地\造天要有材料\造地要有材料\月亮里有棵树\名字叫梭罗\树尖有九堆白土\树根有七堆黑土\麦婆约砍来树枝做扁担\先说若扯来树叶编成篮\麦婆约汗水滴下变成灰\先说若口水滴下变成泥\世上有了黄灰、白灰、黑灰\世上有了黄土、红土、黑土\哪一种灰能造天\哪一种土能造地\只有青灰能造天\黄土造黄地\红土造红地\白土造白地\婆婆盘王\安排麦婆约造天\造天要造四方\一造东方\二造西方\三造北方\四造南方。婆婆盘王\安排先说若造地\一造东角\二造西角\三造北角\四造南角\造天造三天\造地造一天\造天十二天\造地四天\造天成四方\地造成四角\麦婆约胆大偷懒\天造小一点\先说若胆小勤快\地造大一点\天地不相配\婆婆盘王来安排\请始普始呢两条白蛇精\请始普

格呢两条黑蛇精 \ 始普始呢一条占东 \ 始普格呢一条占南 \ 始普始呢一条占西 \ 始普格呢一条占北 \ 来把地堆 \ 来把地缩 \ 天地才相合 \ 天还有一洞 \ 地还有一眼 \ 天用什么补 \ 地用什么填 \ 婆婆盘王来安排 \ 天用黑云补 \ 地用地瓜补 \ 天用白云补 \ 地用黄藤缝 \ 用闪片草做针 \ 用黄藤来做线 \ 补天补九天 \ 缝地缝七天。东方地造低 \ 东方出太阳 \ 西方地造高 \ 西方落太阳 \ 星星出北方 \ 坠落在南方 \ 月亮是哥哥 \ 太阳是妹妹 \ 哥哥胆子大 \ 晚上出月亮 \ 妹妹胆子小 \ 白天出太阳 \ 妹妹怕害羞 \ 哥哥说妹妹 \ 给你金针十二棵 \ 谁看就刺谁 \ 有了太阳天会亮 \ 有了星星天会黑 \ 正月会吹春风 \ 八月会下雨 \ 十月会下霜 \ 冬月会下雪 \ 天地分四季 \ 地上无草木 \ 阿写撒草种 \ 莫弱散树种 \ 往前撒三把 \ 往后撒三把 \ 往左撒三把 \ 往右撒三把 \ 往前撒三把 \ 世上有了草 \ 往后撒三把 \ 世上有了树 \ 往左撒三把 \ 世上有苞谷 \ 往右撒三把 \ 世上有稻谷 \ 世上有树木 \ 就是还没人……

指尖云朵

彝族女人最爱马缨花，把这崇拜绣在衣服上，穿在身上尽现吉祥、美丽。大姚彝族支系较多、服饰各异，每个支系都有自己的传统服饰，形成了自己支系服饰的特殊风格。几乎或明或隐地表露出彝族穿黑、尚武、畏虎、敬龙、恋祖的美学理想和审美趣味。

在楚雄彝族自治州大姚县这块古老的土地上居住着22种民族，这里的彝族人口是除汉族之外最多的民族，占全县总人口的30%以上，也是居住历史最为悠久的原著民族。在几千年的生产生活中，勤劳勇敢的彝族人民，从最早的兽皮、牛羊皮做遮羞挡雨的原始服饰，逐步发展成了色彩斑斓的彝族服饰，并孕育出了丰富多彩、底蕴丰厚的独特彝族服饰文化。现今大姚彝族仍有用火草的植物绒搓线织成火草衣的习俗。

大姚4164平方公里的国土面积，可称之为地大物博，由于大姚山区面积占总面积的81.7%，山高地广，厚土天高。彝族大都以山寨、部落、村落等形式聚居，从而，形成俚濮、罗罗濮、格苏濮、纳罗濮等6个支系，但总体上又可分为俚濮和罗罗濮两大类。由于地大物博、山高箐深等多种因素，寨与寨之间、村与村之间的生活习俗不尽相同，使得在长期的生活中，所演变、创造的服饰也各有千秋，形成十里不同服，服饰多样性和各具特点的个性。

每逢民族民间十大传统节日，彝族同胞穿着节日的盛装，

姑娘从小爱绣花

姑娘们打扮得花枝招展，从远处眺望，就像一簇簇盛开的鲜花。这些款式各异的服饰，与独特的赛装形式，尽显手工精巧的魅力、别有风情的韵味。花花的姑娘、花花的妇女、花花的老人和孩子构成了一幅绚丽多姿的民族风情画卷，似与山川争秀色。这就是大姚彝族服饰的包容性和多样性。它分为三台彝族服饰、昙华彝族服饰、桂花彝族服饰、石羊土枧槽彝族服饰、龙街塔底彝族服饰、赵家店彝族服饰、铁锁彝族服饰、金碧白鹤彝族服饰、湾碧老高山彝族服饰九个大类。在九类服饰中，不仅有地区 、性别、年龄之分，而且有盛装、常装、婚服、丧服、毕摩服等之别。从远古传承的衣物穿戴和服饰习俗中不难看出，图案中最原始的模拟纹样有：牛眼、羊角、马缨、太阳、火、云、粉团、山茶、鸡冠。早期服饰上出现的简单花纹、莲瓣纹、波纹、水纹、网纹、斜方格纹、兽纹、牙纹、太阳纹简练雅拙，由具象转为抽象，随意性很强。证明大姚彝族人民早已掌握精湛的服饰文化艺术造诣和独有的表现风格，在服

❶ 龙街服饰

❷❸ 绣品

饰文化上各树一旗。在服装的式样、结构、工艺、色彩、线条和图案等方面做出了贡献。大姚彝族支系较多、服饰各异，每个支系都有自己的传统服饰，形成了自己支系服饰的特殊风格。不同的支系、不同的居住环境对衣饰的款式及风格产生了明显的影响。富有鲜明特色的彝族服饰文化，几乎或明或隐地表露出彝族穿黑、尚武、畏虎、敬龙、恋祖的美学理想和审美趣味。

彝族女人最爱马缨花，把马缨花绣在衣服上、穿在身上，尽现吉祥和美丽。百忙中总不忘千针万线，巧手绣满服装间，红得那样决绝，还绣上叶子的陪伴。姑娘从小会绣花，可不是她骄傲、恋春，这是一种追求美的极致。心灵手巧、巧夺天工、慧心巧思，自然中尽显彝族女人的聪慧个性，这种美所需的不仅是针法和技巧，更需要勤劳、审美和智慧。大姚彝族服饰文化有悠久的历史，古老的刺绣技术、美丽的服装图案流传至今。彝族服饰刺绣，手法多样

并表现得淋漓尽致。技法主要有刺绣、挑绣、镂空、剪贴绣、包绣、缠丝扣绣、布贴叠绣、十字绣等，其图案艺术，有着久远的淳朴、粗犷、奔放的民族气质和概括夸张的浪漫主义风格。那些让人炫目的图案，色彩并不仅仅出于视觉的选择，而是有着十分丰厚的历史文化内涵。每一个图案、每一种色彩都有特定的含意和指向，它传承了历史、传承了文化。每年的农历三月二十八日，是大姚县彝族姑娘在三台赛服装的日子。每逢这一天，四面八方的彝族姑娘都穿上自己精心制作的衣服，赶到三台赛服装，以图案新颖、制作精巧者取胜。谁的服装最美，谁就是最聪明能干的姑娘。谁的服饰最美，谁就是未婚小伙子们的追逐对象。若是姑娘愿意，就相互选定自己的情侣，在高歌欢舞中通宵达旦打跳三天三夜，然后定下终身。这个古老的“赛装”习俗世代相传，一直延续到了今天。从赛装节上，可以看出大姚彝族服饰在设计、色相对比、色度对比、明暗对比、面积对比或补色对比上都一件比一件令人惊叹。图形方面，无论是平面几何图形，还是立体几何图形都结合得如此巧妙，极具神秘感又多姿多彩。这正是大姚彝族民俗文化的特征，传承百年的彝族传统“服装节”是服饰文化史的活化石。

彝族妇女凭借自己的巧手，在穿着符号载体极其落后的遮羞时代就已经能用巧夺天工的手艺，将生活中的美好事物留在头脑中，经过艺术的加工后，巧妙地还原于自己的服饰上。这实在是一种令今天的人们自叹不如的创举。因此，从某种意义上来说，每一件彝族服饰，都代表着一个独特的文化符号。或者说，每一件彝族服饰，都是彝族智慧的一种展示。

在大姚，妈妈、女儿、儿媳或嫂子、小姑都是周围村子有名的刺绣能手，全县各乡镇有彝族刺绣店 20 余个，刺绣的家庭比比皆是。其中，王绍珍的挑花刺绣在 2002 年“火把节”海艺手工业公司组织的刺绣比赛中还得了一等奖。三台乡人李长征，现为中国民族刺绣艺术大师、楚雄“彝绣天地”主

❶ 桂花彝族服饰
❷ 昙华服饰

富含多种文化元素的大姚民族传统节日

在大姚众多璀璨的历史文化中，最富有特色的是大姚的民族传统节日。这些民族传统节日，品目众多，内容丰富，特色突出，内涵深厚，具有重要的历史意义和与时俱进的时代气息，富含着十分厚重的多种文化元素。

古蜻蛉大姚，历史悠久，文化积淀厚重，是西汉“金马碧鸡”天象神影呈现故地，是汉唐盐都工商重镇石羊崛起的地方，是彝族“十八月历”和“梅葛史诗”的起源地……璀璨炫目的多种文化异彩纷呈，辉耀于各个历史阶段，并流传至今，使大姚成为名副其实的历史文化名邦。众多的历史文化给现今的人们留下了极为丰厚的精神财富、物质财富和文化资源财富，亟待人们去传承、开发、利用，把丰厚的历史文化资源转变为滚滚的物质财富。

在大姚众多璀璨的历史文化中，最富有特色的是大姚的民族传统节日。这些民族传统节日，品目众多，内容丰富，特色突出，内涵深厚，具有重要的历史意义和与时俱进的时代气息，富含着十分厚重的多种文化元素。有自然崇拜、鬼神崇拜、祖先崇拜、土主崇拜、民族英雄崇拜，有道教、儒教、佛教等宗教信仰；有传说、史诗、故事、史实、天文等历史文化；有生产生活、习俗礼仪、祭祀典礼等文化；有商品文流、经济贸易等文化；有制陶、竹木工具、纺织工艺文化；有刺绣、器乐、歌曲、舞蹈等文化。大姚的地方民族传统节日文化传承千年而生生不息，饱含了地方各族人民的情感

思想、精神智慧、物质生产信息、生活信仰、社会活动等的文化记忆，以及奋发向前的精神追求和创造未来的美好愿望。

1. 多姿多彩的民族传统节日

古蜻蛉大姚开发较早，古代地处贯通南北的蜀身毒（四川至印度）古丝绸之路和连接东西的茶马古道（滇东南至滇西，北到西藏）的一个重要的十字路口上。各种经济文化交汇于此，以及各种民族人口的流动迁徙，积淀了悠久厚重的历史和文化。各民族的传统文化不断地发展，形成了具有各民族特色的固定的模式，然后又用民族传统节日的形式表现出来，一直传承到了 20 世纪四五十年代。到了六七十年代，由于受到“文革”的冲击，致使很多节日中断。改革开放以后，80 年代

红红火把

初期部分民族传统节日又逐渐恢复。到了 80 年代中期，大姚县决定恢复“十大民族传统节日”，使这些富有民族特色的传统节日得到了传承和发展，并有了创新。

大姚的民族传统节日虽然很多，但由于各民族之间长期的沟通和协调，节日时间基本上不重复，众多的节日分别贯穿于一年之中的各个时段。总的有三种名称形式，一是称节，二是称会，三是称街。从活动的内容和形式上也各不相同、各有特色。有汉族的，有彝族的，有傈僳族的，有傣族的，有回族的，还有多民族一起共有的。有的是宗教祭祀的，有的是祭祀民族英雄的，有的是搞经贸活动的，有的是搞民族传统文化的。以农历的时间顺序排列，大姚有以下民族传统节日。

正月初一仓街妙峰山朝佛会　每年农历的大年初一早上，妙峰德云寺内，主要内容是朝拜佛祖，祈求安康。这一天早上，四方的佛教崇拜者，尽可能早地赶到德云寺内，给弥勒佛、释迦佛祖、观音等佛像敬香火、送“功德”，祈祷、祐求四季安康。日出之时，此处已是人车拥塞。这是一个单纯佛教祈崇活动。

正月十三石羊镇龙王会 1986年恢复时改为开井节。活动时间在古代有半月之久，从上一年的腊月三十开始至第二年的正月十五才结束。届时有戏班唱大戏，通宵达旦，昼夜连台。相传始于唐代，历史久远，传承至今。现代改为活动三天。活动的地点在石羊镇城区的各个活动点。活动内容主要是商品物资交流，促销食盐百货；唱大戏、演花灯、街道跑马、祭龙王、舞狮子、耍龙灯、游社火、跳左脚舞、拜孔圣人、展诗词书画等。现代还有歌舞晚会、放焰火、放映通宵广场电影，召开节庆大会等。其核心是祭祀龙王，纪念龙女牧羊得盐泉造福一方，拜祈龙王多出盐水，使地方能多产食盐，促进地方经济发达兴旺。这是一个以彝、汉民族为主的以祭祀、祈祷、颂扬和经济商贸交流以及传颂文化集于一体的大型活动。石羊开井节是县内众多传统节日中规模较大、内容齐全、参会人数较多、影响较广的盛会。

新街镇碧么街 每年的正月十五和二月初一各一天，在新街乡的碧么坛罐窑村，主要活动内容是土陶罐器皿、农副土特产品、木犁耙等农具、小百货等交易，并有对山歌、跳脚等活动。由于碧么自古以来有几个村都烧制土锅、瓦罐、碗盏等土陶器皿，是人们古代和近代必不可少的生活用品。加之碧么地处坝区和山区的交界处，为便于山区与坝区土特产品的贸易交流，人们就在这里形成了一个一年两天的集市贸易。每年的这两天，山区的人们就会把耕田种地的木犁架、木耙、锄把、刀把、扁担、木板、木制家具等用具，以及自己生产的麻皮、麻线、麻布、麻绳、麻子、核桃、松子、洋芋、泡梨等等运到集市，出售后，又购回盐巴、锄头、镰刀、棉布、针线及土陶器皿、碗盏等生产生活必需的商品。坝区的人们会把腊肉、腊油、各种铁器用具、棉布、针线及各类小商品运到集市，出售后，又购回自己所需的木器、陶器及土特产品。集市热闹非常。凡是去赶街的人都会满载而去、满载而归。一些男女到了赶街处后，就会找到“对手”，并在街边田头对起山歌，有的甚至昼夜不归、连唱几日。街天的晚上人们还会燃起篝火，跳脚联欢，青年男女交流感情、谈情说爱、择机选偶。这个集会是一个较有特色的地区性土特产品贸易交流会。

这个传统集会到了20世纪的70年代都还在延续，就连“文革”期间也没有中断。但随着经济的发展以及各种生产生活用具、用品的更新，集会逐渐衰落。到了80年代中后期，新街乡就把这个节日移到了乡政府所在地，改名为“元宵节”，主要是传承中国的传统节日——正月十五闹元宵。从那以后，碧么街也停止了活动，坛罐的烧制也就此消失，现在碧么街变成了元宵节。

昙华插花节 每年的农历二月初八，在昙华山觉云寺，后改在昙华寺北面的松柏林，祭坛地山腰树林中。这个节日是彝族的传统节日，民族特色较为突出，活动内容丰富。据传，二月初八是土主（土地公公）的生辰。彝族信奉天地太阳诸神、土地神灵等，从古代开始，这一天就由土司组织毕摩祭天、祭地、祭太阳、祭土主、祭山水树木等各种神灵，唱梅葛，颂祖先开天辟地的英雄历史，跳左脚舞联欢，并逐步发展到商品集市贸易赶山街。20世纪70年代以前，集会都由民间自由组织，70年代初期在昙华松子园村建立了乡级机构。之后，每年的活动就由县、乡组织。现在的主要活动是以商品集市贸易为主，文化活动是插马缨花、祭花神、马缨花选美大赛，以及各类歌舞联欢等。以前的插花节没有专用名称，笼统地叫昙华山赶会。80年代初经过州、县学者的研究，以咪依噜彝女化名马缨花的历史故事为背景，才取名为插花节。

插花节获“省级非物质文化遗产”称号

昙华乡是楚雄州彝族文化的发祥地之一。新中国建立以

❶ 山街

❷ 插花节之夜

二
月

后，各级十分重视彝族文化的挖掘、保护、传承工作，50年代后期省、州派了专家学者深入昙华山区，发掘收集到了传唱千余年的传颂彝族祖先开天辟地以来的创世史诗，后出版了彝族史诗《梅葛》。到了60年代，以杨森为代表的彝族歌手创造了彝剧。80年代专家又在昙华山中发现了十分古老的历法——彝族十八月历。同时本地剧作家又创作了代表彝族美女的戏剧——《咪依噜》，并到北京演出。至此，大姚昙华的彝族文化大放光彩，昙华山名声大振，昙华插花节誉享国内外。多年来很多国内外人士都到昙华山“淘宝”。由此，昙华插花节成了与彝族火把节声誉相齐的彝族传统节日。咪依噜、彝族十八月历、梅葛史诗、彝剧等成为楚雄彝族自治州彝族文化的经典，受到了国内外许多专家学者的关注。这些经典文化成果，都是举办插花节带来的重大效应。昙华二月初八是彝族古老的祭祀传统节日，它反映和传承着许多深厚的彝族历史文化渊源。据有关资料表明，这个节日起源于唐代南诏、大理国时

1 选马缨花女
2 烤荞粑粑
3 花仙子
4 装扮

期，迄今有一千四百多年的历史。

龙山庙会 每年的农历二月十九日举办，于新街镇的大古衙与碧么村之间的龙山各庙宇，主要内容是佛教祭祀。该活动始于明朝，流传至今。届时各路信徒及香客会集于此，敬香拜佛、诵经祈祷、观光庙宇、登山游览、祭拜山神等。

龙山，因四面涌泉，山势雄峻，沟壑秀美，苍翠欲滴，绿岭延绵，形似神龙而得名。唐宋时曾在龙山南面建立过马西县衙，故名大古衙。古衙时曾在龙山修建过佛寺，后朽毁。明朝中后期又在此大兴佛教寺院，建有“七寺九庵”，僧徒众多，香火较旺，规模较大。当时能与东面的昆明西山、西面的鸡足相比，近与白盐井（今石羊镇）的“七寺八阁九庵”相济。相传，曾成为滇中佛教圣地。后经岁月煎熬，多数寺宇已颓，但庙会依然相续。改革开放后，又恢复了合法的佛教场所，现今又修复了石林寺、祖师墓及山顶的一法寺等，并且公路畅通，游览十分方便。

湾碧窝巴节 每年农历的三月初七日，在湾碧傣族傈僳族乡政府所在地及金沙江边的江湾大沙滩举行。这个节日是居住在金沙江边的傣族特有的民族传统节日。“窝巴”是傣语音译，“窝”是聚会、集会的意思，“巴”是鱼或江鱼的意思，其意即江鱼聚会的日子。这个节日名称自古以来没有改变，一直沿用至今。节日的主要内容是祭祀鱼神，传颂青鱼和红鱼带领族众战胜了江妖水怪，使众水族获得自由太平生活的英雄故事。其主要形式是由傣族祭司带领众人到江边祭祀鱼神，由一男青年扮青鱼，并手捧青色大木鱼代表青鱼，名唤“青哥”。由一女青年扮红鱼，并手捧红色大木鱼代表红鱼，名唤“红妹”。两人在众人的拥护下，从江水中上岸，在大沙滩上由祭司举行祭祀仪式后，共同护送到集市。同时于上游有数名男青年，各站一根独木，顺流而下，勇闯激流险滩，至祭祀大江湾上岸，参加护送鱼神。祭祀结束后开始大联欢，男女青年敲响铓锣和象脚鼓，跳起傣族舞蹈，载歌载舞，同时为宾客敬酒，洒吉祥水，祝福。然后大家相互洒水、泼

❶迎鱼神
❷祭

1

2

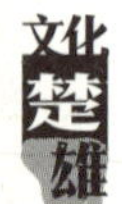

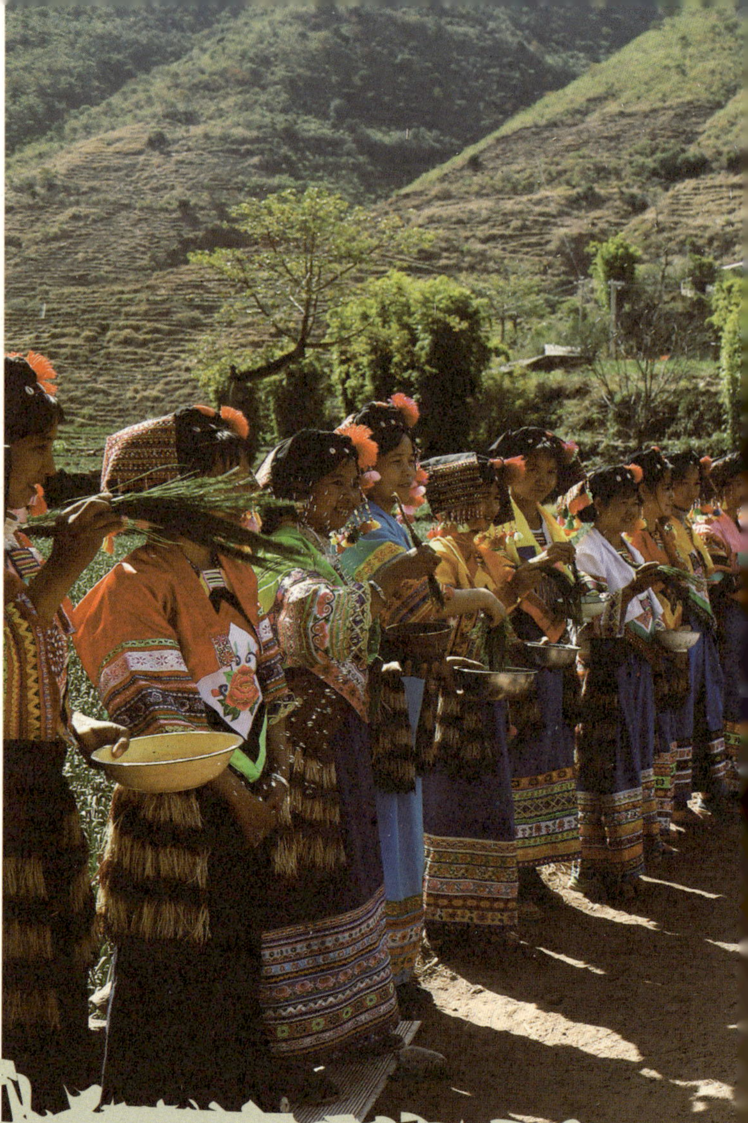

湾碧窝巴节

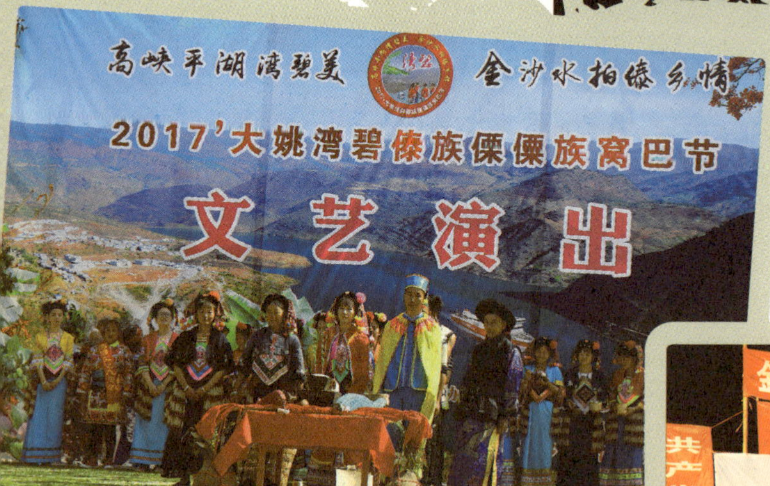
高峡平湖湾碧美
金沙水拍傣乡情
2017'大姚湾碧傣族傈僳族窝巴节
文艺演出

金沙江流域傣族传统文化传承发展
高坪子傣族文艺队(演出)

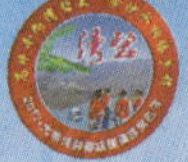

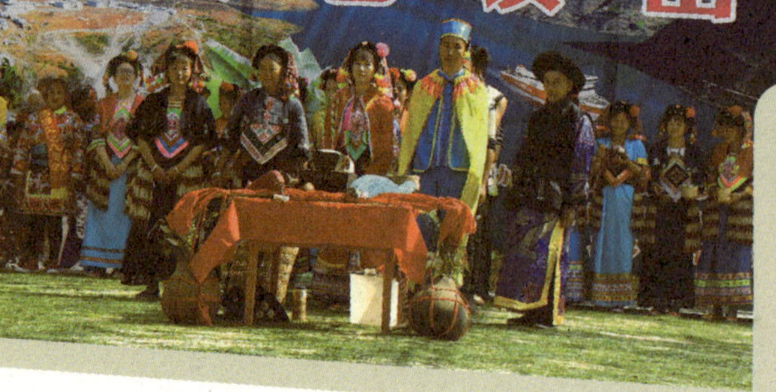

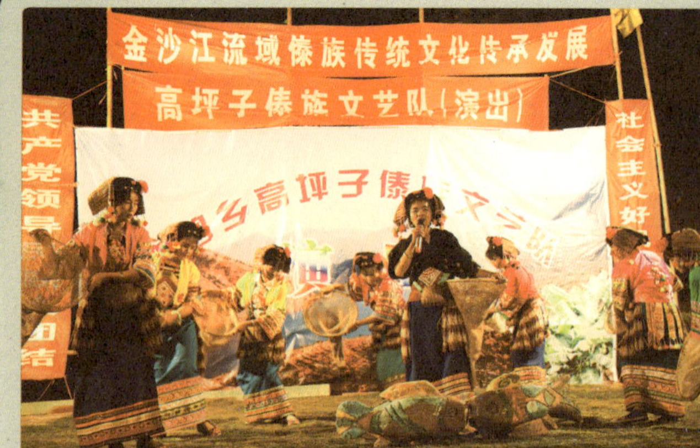

水，互祝吉祥。最后开展集市贸易，晚上大摆宴席，招待宾朋，敬上傣家特酿的醇红清凉的沥缸酒（用红高粱酿制的米酒）。

此节借喻于湾碧傣族的来由，寓意是在古老的时候，傣族祖先受黑恶势力的欺压，生存难保。于是在青哥和红妹的带领下举族迁徙，去寻找一片能安身立命的乐土。他们越过高山恶水，战胜了无数艰难险阻，带领族众来到了百草岭北坡下的金沙江温热河谷，定居下来，以渔猎农耕为生。后来又战胜了当地的地痞恶霸，获得了这一片生存之地。就这样，后世子孙为了纪念和颂扬先辈的英勇无畏精神，把祖先的故事寓喻

于青鱼和红鱼召集众水族战胜蛤妖蟹怪的传说，每年进行祭祀和传颂。这个节日是居住在金沙江两岸的傣族独有的唯一节日，它的立意刚正深远，活动形式别具一格。

湾碧窝巴节

仓街叮当会　举办时间为每年的农历三月二十八日，地点原位于仓街大海子边的草滩上，后来仓街建立了集镇，草滩改成良田，赶会就移至仓街集镇，赶会的主要内容就是进行牛、马、驴、骡等大牲畜交易。仓街位于姚安坝子与大姚半山区的交界地处，还未修建汽车公路时，大姚至姚安州府的古驿道是从仓街经过。姚安坝子草滩多、良田多，人们有喜欢饲养骡马的习俗，但耕田需要大量的耕牛。然而地处大姚周围半山区山地多，山坡草场多，很适应饲养黄牛、水牛，但行路山高坡长，人们很需要骡、马、驴搞驮运。就这样，仓街集二者之长，古人就在这里搞起了大牲畜交易。久而久之，每年在春耕生产初始之时的三月二十八，就在这里举行一次大型的大牲畜交易集会。姚安坝子的人们赶着骡马到这里出售后，又购回耕田的犁牛；大姚半山区的人们赶着牛群，到这里交易后，买回能驮运的骡马，各取所需。这个集会原没有名称，人们从四面八方赶着牛马牲畜来赶会，有一部分牛马脖系牛铃、马铃，走在路上叮当作响，人们就把它形象地叫作叮当大会，延续至今。后来也兼顾一些土特产品及百货交易，现今由于交通运输及耕作机器的大发展，机器逐步代替了畜力，大牲畜交易会基本停办，赶会主要是商品集市贸易和开展一些文化娱乐活动。但是这个节日，在历史上曾经发挥了沟通山坝交易、促进生产力发展的重要作用。

三台赛装节　这个节日是一个地道的彝族传统节日，也是一个内容十分丰富而又精彩的节日，更是一个独具彝族特色和深含文化元素的节日。节日时间是农历三月二十八日，地点于三台乡集镇所在地，原来在下三台（下水炉），近年来上下三台同时都赶。主要内容就是彝族青年赛装比美。

该节日的来由较为久远，它的历史文化渊源与昙华插花节相同，都是祭祀天地、太阳、神灵的活动。三台古代彝族就使用“十月太阳历”法，还建了观察祭祀太阳的祭坛，现今称“向天坟”。相传是因人们看见春天山野之间的锦鸡聚集，相互翩翩起舞、振翅比美、“谈情说爱”、互择佳偶而得到启发。由于彝族是一个非常崇尚美丽，能歌善舞，热爱生活，喜欢打扮炫美的民族，特别是年轻人，在遵守族训家规的前提下，更喜欢张扬个性。于是人们在祭祀活动时同时进行赛装比赛，欢歌艳舞，交流情感，谈情说爱，后来就有了赛装节。节日期间，家家户户的男女老少都穿上自己巧手

缝制的富有民族特色的服装鞋帽、头巾腰带等，戴上所有的金银玉骨首饰，拿上笛子、月弦、二胡、唢呐、篾琴等乐器，装上苦荞粑粑和核桃、蜂蜜，赶着骡马，尽早赶到聚会之地，路途远的于头天就出发。节日当天，人们吹起唢呐、弹起月弦、拉起二胡，唱歌跳舞，尽情欢乐。在这个过程中人们就看是谁穿的服装最闪眼，谁打扮得最漂亮，哪个姑娘长得最漂亮，哪个伙子最英俊、舞跳得最攒劲。青年男女唱起梅葛、对起山歌，互倾真情，谈情说爱。同时在集市上开展一些商品贸易，互通有无。晚上燃起篝火，歌舞连台。

穿新衣

三台乡这个节日，虽然开展的年代已久，但历来都没有名称，到了20世纪80年代初，县文化局派人经过调研，根据其特点，才正式取名为“服装节”，又称赛装节。其实叫赛装节更为贴切。

深究其源，三台这个赛装节不单只是赛装比美，其形式和文化内涵较为丰富。其实，它是一个居住在深山老林的彝族人民比美、比富、比巧、比能、比强、比歌、比舞，展示个性，向往美好生活的非常有意义的活动。其一，节日中，每个男女青年，特别是姑娘们，要把自己所有的丝绣头饰、服装、围腰、花鞋等全部带上，到了活动中，她每隔二三十分钟就会换一套服装，然后再投入到人群中。一天到晚，反复要换多次，直到把所有的新服装换完。这样，她不仅是比美，还显示了自己心灵手巧、勤劳能干，家庭富足，自己比别人强，缝制的服装头饰比别人多，比别人的更好看。其二，所有的中老年妇女，赶会时要把自己平生所有的腰带、首饰都拿上，活动中她会把全部腰带都系在腰上，有的多达二三十条，把腰系得满满的，还要把自己所有的金银玉器、手镯戴在双手、双耳上，还要用两三丈长的包头布，绕一个大包头戴在头上，系上银饰品。这样，使人们一看就知道，谁的腰带多、首饰多，谁的包头布包得大，谁家就最富有，这个妇女就是最强最能干的人。其三，男人的比赛也汇集其中，在活动中，男人们要参与吹唢呐、弹弦子、拉二胡，参与跳舞。有的男青年参与唱梅葛、对山歌，都会让自己的特长来显示自己。就看谁的乐器玩得好，梅葛山歌唱得好，跳舞跳得最起劲，这个男人就是最强的人。这样，最强的男青年就会有很多姑娘追求他。

人们说：山区的山美、水美、森林美、自然美，其实山区的人更美。山区的人淳朴、勤劳、智慧、勇敢，有一颗纯净美好的心灵，但是，山区的人美，他不会自吹自擂，而是用自己实实在在的行为和能力以及巧妙无声的暗示体现出来，展示给人们，三台乡赛装节的各项内容就是一个很好的实例。

龙街太子会　农历四月初八，于龙街乡集镇。传说中的四月初八是龙太子的生日，每年的这一天人们都要祭祀龙王，耍龙灯、求雨，祈求龙太子早施雨水，保佑五谷丰登、太平安康。20 世纪四五十年代以前由于没有水利设施，农耕全靠老天下

大雨，河中才能有水，才能泡田栽秧。每年到了龙太子生日这一天，人们就必须带上香火贡品，集中到龙王庙或龙潭前，杀猪鸡、宰牛羊祭祀龙王，然后大家聚餐欢庆、祈祷。后来人们把这项活动移到了集镇所在地，耍水龙祭祀，跳左脚舞祝贺龙王生日。龙街乡是左脚舞之乡，跳脚形式多样、内容丰富，比较盛行，然后开展商品贸易交流。近年来水利设施改善了，祭龙的活动也逐步淡化，主要是进行商贸及歌舞活动。

七街的关刀会 活动时间是每年农历的五月十三日，活动地点在七街集镇及七街、席坝两个村委会所辖的十多个村庄，活动内容是祭拜关云长，求雨、集会，协商放水灌溉及防洪等事宜，规模较大。

这个传统节日迄今已停办五十多年，很多人已经不知道有这个节日。相传，关云长是中国最讲义气的典范，三国时期刘关张桃园三结义后，关羽忠心护主、舍生忘死，屡建战功。他“身在曹营心

龙街太子会

在汉”“过五关斩六将”“千里走单骑”，他死后被封为关圣人，在天上还时刻不忘秣马厉兵。每年五月十三日这一天，他都要泼水磨他的“青龙晏月刀”。当他泼水磨刀之日，天上就会降大雨，河中就会涨水，人间就能泡田栽秧。所以民间流传着两句话：“五月十三，打下酒，拔秧。”意思就是五月十三这一天必下大雨，各家各户要提早准备酒肉、拔好秧苗，准备泡田栽秧。

自古以来，在没有修建水库、河闸之前，坝子里的农田都必须等待老天下大雨涨河水才能栽上秧。如遇干旱之年，就要“栽秧栽到谷黄”，就要闹饥荒。为了纪念关云长，祈求关圣人磨大刀之时多泼水，给人间带来甘露，按农时能够及时栽秧得到好收成，七街坝子就举办这么一个集会。据说，这个节日传承较久，人们用巨木雕刻了一个关圣人的神像，备齐了狮子长龙、锣鼓大刀等，备置于祠堂中。十三这天，首先举行

赵家店火把节

祭祀活动，祭拜关公，请祭司求雨。然后，人们抬着关公，舞起狮子，耍着火龙（七街特有的耍龙方式），敲起锣鼓，大刀队舞着大刀，祭司举着祭帐、耍着神帚，祭祀队伍跟在后面，放着鞭炮，按顺序一个村一个村地游行。游行之后各村长、里长聚会、议事，讨论当年灌溉、管水、防洪等事宜，然后聚餐，最后还要将关公神像送往下一个村的祠堂。晚上举行唱花灯、演戏剧晚会。这个集会由各村轮换举办，每一年由一个村主办，筹集支出办节费用，主持节日集会，决定灌溉放水方案。下一年又由下一个村主办，这样循环往复。

这个集会虽然消停已久，但很多老人还在念叨。20 世纪 90 年初原准备恢复，但处春耕大忙时节，怕影响各种生产，故而议则未行。

赵家店火把节 这个节日是彝族及彝区汉族、白族、傈僳族等民族的一个较为统一而盛大的传统节日，历史悠久，据传始于唐代，传承至今。20 世纪 90 年代以前，活动较广，各乡镇、村寨都普遍自由举行活动。80 年代后期赵家店乡将火把节定为该乡的传统节日后，其他乡镇和村寨也就逐步停止了火把节的活动。赵家店

赵家店火把节

乡的火把节日期，与整个楚雄州内的不同，全州统一的日期是六月二十四日，但赵家店的是六月二十五日。

古老的火把节，活动的形式和内容很多。西南地区的各少数民族都是崇拜火神的民族，到了二十四日这一天，各个村寨都要集中杀猪宰羊，请来毕摩祭祀火神、祭土地公公、祭山神猎神、祭青龙白虎等，跳神，敲羊皮鼓，吹唢呐，唱梅葛史诗，歌颂祖先。同时还开展“上刀山、下火海、过梨头尖”等勇敢者的冒险活动，以及射弩、射箭、射枪等比赛，还进行一些荡秋千、磨当秋、打叠螺、扭扁担、摔跤等文体活动。到了晚上，各家各户要拿上火把、香灰粉走进田地之间，耍起火把，撒上香灰粉，让火把火星四溅，蔚为壮观。此时如果站在高处观看，有如满天的星星落入大地，闪闪发亮。有的地方还耍火龙走村串寨，十分热闹。耍完火把后，各村寨的人又回到

村内，点起火堆，跳起左脚舞联欢，直至深夜。据说，晚上撒火把一是驱逐妖魔；二是烧死危害庄稼的各种害虫，以保人畜安康、粮食丰收。

现在的火把节虽然列入了自治州的假日法规，但活动主要是以商贸为主，内容显得较为单调，遗弃了许多彝族固有的富含文化内涵的传统。

石羊杨梅节（叭腊么撵秋节） 活动时间是农历二十四节气中的立秋日（农历七月初），这一天，活动的地点是在叭腊么村后大姚与姚安山界交界的二十四垭口大山顶上的草坪上，活动的内容主要是传承彝族几千年来的狩猎方式及交流感情等生活习俗。

这个节日是大姚、姚安西部彝族的传统节日，是一种大范围的集体狩猎活动。彝族与汉族的传统理念与生活方式不同，汉族认为农历七月是鬼月，一般都不出远门、不进山林，要躲鬼；再有特别是立秋日这一天所有人都不能下田地，要躲所谓的“秋绳”（麻蛇）。而彝族则认为农历七月春耕夏耕结束，这时山绿草旺，山中的猎物肥胖，正好是上山打猎休闲娱乐的时候，加之此时农作物正在结实，有的将要成熟，这个时候山中的野猪、野狗、麂子、兔子等也正好来偷吃洋芋、苞谷，损坏庄稼。为了保护庄稼，所以就在立秋日这一天，各村寨约定进行一次统一的捕猎活动，猎不到的野物，把它们撵进深山老林中，避免野物来损坏庄稼，因此就叫撵秋节，有的叫撵秋窝或赶秋窝。

赵家店火把节

到了立秋日这一天，各个村寨的所有家户，男女老少一齐出门，首先请毕摩或祭司祭拜山神、树神、水神、猎神。然后所有男人，包括十多岁的男孩一齐拿上弩箭猎枪、刀叉标杆、猎扣猎网等打猎用具，领上猎狗，从各村各寨同时上山。出村以后，放出猎狗，人分为若干小组，共同从山岭箐沟围捕猎物，一起向二十四垭口大山顶进发。所有的妇女老人背上小孩，把油盐柴米、腊肉火酒、锅碗瓢盆等驮上骡马，赶着牛羊，从不同的山路也向山垭口走去。妇女、老人到了垭口后就提水找柴、埋锅做饭，等待围猎者的到来。到了中午甚至下午所有打猎的人相继到了山垭口大草坪，各自把所打到的猎物宰了以后，各村各寨互送猎物、表示敬意、交流感情。下午开饭的时候以各村寨为单位在草坪上摆开筵席，相互敬酒表示庆贺。整个大垭口草坪热闹非常，青年男女你追我赶、互送信物，然后进入山林谈情说爱、互表真情。晚上大家燃起堆堆大火，吹起唢呐、芦笙，尽情跳脚联欢。夜晚就住在山上，到了第二天早饭后，各路人马才陆续离去，有的还在山上继续围猎。

这个节日活动影响较大，参加活动的人也很多，有丽江永胜，大理的宾川、祥云，楚雄的姚安、大姚石羊白盐井司（现石羊镇）等三地州市六县十多个乡镇的近两万各族群众参加活动。这是一个跨地域、跨民族、跨时光的民族大联欢。后来，由于各种野生动物成了保护对象，20 世纪 80 年代，节日的名称被改为杨梅节，活动内容改为文艺联欢。

石羊祭孔大典，又称孔子文化节 活动时间，在古代一般是农历八月二十七至二十八孔子的诞辰之日。至 2006 年起由县人民政府主办，定为 9 月 28 日至 29 日。主要内容是参拜祭奠孔子，言诵经文，开展诗词书画展演等活动。地点在石羊镇孔庙大成殿。

孔子是我国伟大的思想家、教育家，儒家文化的奠基人。

孔子文化节

石羊镇古称白盐井，以盛产食盐而享誉滇川，经济基础较好。古来一直崇尚儒学，明朝洪武五年（1372 年）修建了孔庙。清朝康熙中后期铸造了大型孔子文宣王铜像于大成殿之内，至此大力推进了白盐井司的经济文化发展。从明清以来石羊镇就开始了每年一次的祭孔活动。活动当日，本地的所有文人学者、老师学生、司衙官员、社会人士等齐聚孔庙大成殿前，由祭祀队鸣奏古乐，祭司诵读祭文，集体参拜孔子，学子朗诵《论语》等，然后进行个人祭拜。祭祀仪式结束后，各书院、学社等开展诗词、书法、绘画展示、交流、参观等活动。

孔子文化节

石羊镇的祭孔活动从明清开始，至20世纪60年代初，后中断了二十多年，到90年代初恢复。2006年以后由大姚县人民政府主办，每年都规模宏大、形式隆重，特别是2008年组织了一万多名学子进行祭孔，影响较广。现在每年的祭孔节成了大姚县的重要传统节日。这个节日对于传承中华儒学优良传统美德，促进全县教育事业发展具有十分重要的意义。

大姚核桃文化及核桃美食节　活动时间于每年的9月30日至10月2日，一般是活动3天。活动的地点在大姚县城。活动的主

❶ 核桃赛果

❷ 核桃美食大赛

要内容是回顾大姚核桃的发展历史，研究核桃产业发展及核桃文化，同时举办核桃美食大赛，并评选、颁奖。

大姚核桃的历史较为久远，彝族最古老的史诗《梅葛》在记述祖先开天辟地、造人造物的时候就种有核桃树。史诗中说："坝区山腰上，种下核桃树；核桃树盖起三间房，老鸹喜鹊来住房。"民国中后期，云南省政府就把大姚列为核桃基地县重点发展，新中国成立初期共有一万多亩，到了20世界80年代初发展到了十多万亩，至2016年全县共发展核桃162万亩。在大姚境内还有几千棵树龄超过千年的老树，产量从几千吨发展到了3.36万多吨；产值从三四千万元发展到了7.59亿元。尤其以"三台薄壳核桃"为品系的优质核桃，以壳薄、质嫩、低脂、醇香等特点而著称。20世纪80年代就获得了国家

的出口商品资证，之后又相继荣获“优质产品”“绿色食品”等证书。

21 世纪初，大姚核桃全国知名，荣获了全国林业部的“中国核桃之乡”的品牌。大姚县委、县人民政府为了把这个彝山最古老、最有特色的优质产品培植成为富民强县、享誉全国的大产业，2006 年决定举办“中国·大姚核桃文化暨核桃美食节”。节日于国庆节期间举办，规模较大，独具特色，之后每年如期举办。节日的举办起到了抛砖引玉的效果，为建成全县核桃大产业产生了决定性的作用。2008 年初，大姚通过竞争，在国家林业局争得了“首届中国核桃大会”的举办权，同年 9 月大会如期在楚雄大姚召开。之后，大姚核桃又获得了国家工商总局“地理商标”注册。2009 年县委、县政府又决定在县城建设“大姚核桃文化产业园”。经过几年的艰苦努力，在上级和全县人民的大力支持下，相继建成了具有一定规模和民族文化特色的“核桃美食城”“核桃文化广场”“核桃博物馆”“核桃交易中心”“核桃居住休闲园”等富含核桃文化的产业园区，一批核桃产品加工企业也相继入驻投产。目前一个集全县核桃产品生产、加工、商贸、饮食、旅游观光、居住休闲的产业园区已经建成，并产生了很大的经济文效益。

大姚核桃文化暨核桃美食节虽然举办的时间不长，但它在经济、文化、历史、地域等方面的文化十分深厚，根基深远。它对于大力推进地方特色大产业的发展，促进地方民族经济、文化的强式跨越，提升县域品位、福荫广大民众具有重要的现实意义和长远的历史意义。

昙华姑黎山街节 活动时间于每年农历十月初十。活动的地点在昙华乡莱西拉村委会姑黎村南面山坡间的一个大草坪上，故名山街。活动的主要内容是山区农副土特产品、牲畜、百货商品交易。

姑黎山街起源也较早，是民间自发组织的。姑黎村位于昙华通往桂花、三台、博后等地古驿道的山道上，处于昙华山连接大百草岭和小百草岭南面山梁的中间地带。古时由于山高路远、交通困难、商品交流极为不便，故而人们就约定俗成，每年农历的十月初十这一天，把秋收的各种农副土特产品，自己饲养的牛马猪羊等牲畜禽类，以及生产生活必需的各类小百货商品运到这里进行交易，互通有无。久而久之就形成了一个山街节日，自古以来从未间断。近二十年来，为了大力促进山区经济发展和商品流通，增加山区群众收入，由昙华乡人民政府主办，山街更为热闹，每年节日都会有几千人会集于此。但是由于地处大小百草岭的大山深处，只有周边昙华、桂花、石羊、三台，以及六苴、新街等地的群众参与，坝区和较边远地区的人们知道及参与的人不多。

这个节日虽然参加活动的范围有限，但它也有较为突出的意义。山街不只是交易商品，同时也是山区群众思想感情、习俗文化交流的一个平台。也为亲戚集聚互相问候，男女青年谈情说爱，对歌跳舞等提供了一个良好机会，同时也开展一些民族器乐演奏、歌舞演唱、跳脚等文化娱乐活动。

铁锁冬街节 活动时间是每年农历的冬至节这一天（12月下旬），活动地点在铁锁乡集镇，活动的主要内容是大型商品集市贸易交流。明朝万历年间，朝廷为了解决边地纷争和

民族内乱，派遣邹应龙率军到铁锁平叛。邹应龙在铁锁街村背后的鞍子山上写下了“乐春山”三个遒劲的大字，寓示铁锁人民从此以后熄灭烽火，部落间握手言和，高山低谷的人们过上了美好幸福的生活。邹督军又在杞拉么旁渔泡江两边用两条铁索链连接，中间用一把大铁锁锁住，以示从此铁锁人民水源充足，物产丰富，人民富足，安居乐业。渔泡江和金沙江在这里汇合，携手向东奔去，两江交汇处成了三州交界之地。造就了铁锁“水流两江、鸡鸣三县”的特殊地理位置。渔泡江流到拉巴乍村委会七家排村民小组汇入金沙江，这里是大理宾川县平川镇、丽江永胜县东风乡与楚雄大姚的交界处。

❶ 铁锁彝族服饰

❷ 喜上眉梢

铁锁多民族聚居，民族团结，和睦相处。每年冬至节，是铁锁民族传统节日——冬街节。是沿江两岸的彝、傈僳、傣等少数民族的盛会。冬街节把三州交界的各族群众都吸引到一地，这是民族的聚会，也是物资交流的盛会，楚雄州大姚县、大理州宾川县、丽江永胜县及周边地区都有各族群众聚到铁锁来赶集，吃糍粑、走亲戚、物资交流，一派民族大融合、其乐融融的景象。

冬至一街糍粑香，喜迎宾朋乐春笑。每年冬街节，铁锁街头家家户户都要用白生生的糯米舂成糍粑，放在锅里和炭火上烤得又泡又香，蘸着蜂蜜和客人一起吃，以表示宾主亲密、和睦、团结，又表示一年辛苦赢来的香甜生活。夜间，人们围着篝火，吹起唢呐、芦笙，纵情歌舞，通宵达旦，直到次日旭日东升，主客才在一片祝福声中分别。

传说很古的时候，铁锁这个地方原属一个姓灰的彝族土司所统辖。这个灰土司很重视农耕，带领彝族同胞在乐春山上操兵习武，后京城皇帝怀疑他有谋反称帝之图，就派兵进剿，将灰土司一家斩尽杀绝。彝民被官兵撵上了高山密林，坝子被官兵占据，那时，彝族人民终年不敢走下坝子，也吃不上盐巴，他们就堵断了流向坝子的山泉，不给官兵喝。为了争盐抢水，

铁锁冬街节文艺演出

山上山下常发生械斗。后来有个姓董的彝族老人，他不忍看着彝汉人民这样常年争打，就冒着生命危险，带着彝民的友好愿望，下山去与坝子里的汉民们说合、劝解。这天正好是冬至节，彝汉人民吃够了相互械斗的苦头，经老人说合，坝子里的汉民也经常上山去。为纪念这个友好的日子，双方约定在每年冬至节这天，彝家人背着山货、土特产品到坝子里做客，并通过农产品换回盐巴。坝子里的汉民就早早舂好糍粑来招待彝家客人。白天，他们互换土特产，同杯共饮水酒，同声共叙友情；夜晚他们吹笙打跳来庆贺民族友好团结，这种热闹的场面要连续三天。

节日一过，彝家人背着用土特产品换来的盐巴高高兴兴地回山去，彝汉联姻的习俗也从这时兴起。这个古老的习俗，年复一年，一直沿袭至今。

铁锁冬街节

铁锁乡地处大姚县山区较边远的地区，位于渔泡江流入金沙江的汇合口以南，小百草岭的西北坡外。在没有修建公路以前，是大姚盐丰（今石羊）通往宾川，然后过金沙江通往永胜、丽江的古驿道。古时曾在渔泡江口架设铁索桥（至今尚存），故名“铁索”，后因地方方言之故，定名铁锁，民国初建立“乐春乡”的乡级机构至今。铁锁乡是连通大理州的宾川县及丽江地区的永胜县的交汇地。古时由于交通闭塞、物资运输非常 困难，商品交流十分匮乏。因此人们就于每年的冬至节这一天，在这里进行一次商品集市贸易，同时也欢度各民族的冬至节，一直延续至今，有史以来从未间断。是时，来自三州市各地的群众聚集于此，人马拥塞、生意兴隆、络绎不绝，持续五七日之久。

冬街节是该地区各民族共同的节日。此地杂居汉、彝、傈僳、苗、土等民族。冬至节是各民族尝冬蜂蜜、吃糯米糍粑的节日，同时又是彝族、傈僳族、土族过大年的日子。按照他们的习俗，都是把一个周期年分为小年和大年两段，六月份过小年，十二月份冬至节过大年。过大年时首先要举办各种祭祀活动，然后必是亲朋聚会、杀猪宰羊、欢歌跳舞、喝酒吃肉，以表示庆贺，故而成了冬街节日集会。近年来多以商品交流为主，集市贸易非常火热，商贸活动持续三五日不散。这个节日对于大力发展商品经济、推动区域经济发展、增加群众收入起到了十分重要的作用。

大姚的传统节日还很多，除了这 16 个规模较大的节日外，还有龙街乡塔底的大尖山赶山祭祀、金碧白塔山普照寺的庙会、石羊镇的跑马节等活动，以及金碧镇石灰窑基督教教会活动和石羊镇土地祠回族伊斯兰教的开斋节等地区性的民族宗教活动。这些活动都具有一定的历史渊源和文化意义。

2. 富含多种文化元素的大姚节日

回顾、总结和研究大姚的民族传统节日，具有十分丰富的多种文化内涵和非常深厚的历史意义。从形式和内容上看，大姚从汉代以来，仅是一个县域的范围，但在两千多年的发展过程中，形成了各种形式的丰富多彩民族传统节日。这在地处大西南边陲的少数民族地区是较为少见的，这充分显示了大姚深厚的文化渊源。在这些众多的传统节日中，饱含着各种不同的多种文化元素。这些文化元素是各民族在悠久的历史过程中的文化创造，反映着一个地区的社会历史发展过程和社会形态的发展进步。大姚的地域虽然不大，但她好像一只七彩锦鸡，无处不闪耀着斑斓的文化色彩。

一是富含多元的历史文化传承元素。大姚的民族传统节日承载着彝族古老的图腾崇拜、天神崇拜、太阳神崇拜，汉文化的道教、儒教等的发展历史、各种宗教在各个历史阶段的发展过程，各个节日活动还传承着各种独具特色的非物质文化遗产，如汉族、彝族、傣族、傈僳族、回族的各种思想意识形态的祭祀形式、内容、史诗、历史传说故事等，以及地方民族器乐、音乐、舞蹈、戏曲、图腾工艺和民族服饰及艺术、生产生活习俗、饮食文化及技术等等。很多东西都是各民族历史文化的“基因”或是奠基石，都是各族人民的历史杰作。很大一部分都富含优秀文化的元素，很值得传承并具有较大的开发利用价值。如果忽视保护传承和研究利用，甚至把它看成是“陈旧的、封建的”文化形态，在当今现代文化形态大潮的冲撞下。这些富含优秀历史文化元素的东西就会逐步消失，甚至消亡，就会给这些独具地方民族特色的并很有开发利用价值的文化遗产造成重大损失。

二是富含推动地方经济发展的文化元素。大姚众多的民族传统节日，细致研究总结，主要可分为四种形式或是形态。其一，宣扬传承民族精神的祭祀形式；其二，促进经济发展的商品物资交流形式；其三，展示和传承民族工艺和民族习俗的文化艺术形式；其四，宣传和传承宗教信仰的宗教活动形式。但是经过长期的相互学习、交流、融合，多数节日中在突出一种主题的前提下，形成了多种形式并存，相互促进，互助互融。

到了20世纪80年代，为了更好地推动经济发展，县委、县政府在确定恢复全县主要“十大民族传统节日”中，提出了“文化塔台、经济唱戏”的主旨要求，旨在以节日文化活动，传承民族文化，并促进商品经济发展，以经济发展来富民强县，来打牢经济基础、推动文化发展，活跃经济和文化市场。县委、县政府的正确决策，明确了举办各大节日的办节方向，极大地促进了全县的经济文化飞跃发展。近三十年来除了少数单纯的宗教节日外，全县的各大节日都认真贯彻执行县委、县政府的指示，始终坚持“文化塔台、经济唱戏”的方针，努力把经济、文化互动发展的各种元素融合起来。

回顾大姚的各种民族传统节日，有史以来很大一部分节日都是以推动区域经济发展为主题的节日活动。如仓街的“叮当大会”、新街的“碧么街”、昙华的“姑黎山街”、石羊的“开井节”、铁锁的“冬街节”、金碧的“核桃文化暨核桃美食节”等。这些节日活动，都合理掌握和利用各时段的有利时间，突出地区特色，重点推销地区特色产品，如仓街的大牲畜，碧么的土陶、木麻特产，昙华的洋芋，石羊的食盐及各种副食产品，冬街的各类山货，以及大姚的核桃等。

三是富含宣扬和传承民族精神的文化元素。大姚是一个多民族聚居的地区，其主要聚居民族有汉、彝、傣、傈僳、回、苗 6 种民族，各民族都有自己不同的信仰、不同的语言、不同的生产生活方式及风俗习惯，各个民族都有自己的传统节日。如“关刀会”“元宵节”“开井节”“祭孔大典”和部分佛教活动是汉族的传统节日，“插花节”“赛装节”“火把节”“杨梅节”“冬街节”等是彝族、傈僳族的传统节日，“窝巴节”是傣族的传统节日，“开斋节”是回族的传统节日。

在大姚众多的传统节日中，大多数节日都有祭祀活动，这些祭祀活动表面上是一种宗教活动，究其渊源，各自都含有深刻的文化内涵。实际都是宣扬和传承各个民族的信仰、民族英雄和民族精神。如“关刀会”是传扬关公的诚信大义；“太子会”“开井节”是传扬龙文化和龙女的开拓创新、造福人民；“祭孔节”是宣传和继承孔子创造的儒教礼仪和儒学文化；“插花节”是传扬彝族的天神格兹天神开天辟地、战胜洪荒、创造万物的《梅葛》叙事的历史，以及咪依噜的不怕牺牲；“赛装节”是传扬彝族人民的智慧和弘扬个性特色、追求美好生活；“杨梅节”（撵秋节）是传承彝族古老的牧猎生活方式和自由婚姻的传统；“窝巴节”是宣扬和传承青哥和红妹带领傣族大众团结一心、不怕险阻，开辟新天地的大无畏精神；“冬街节”虽然没有较为突出的主题文化活动，但它是以品尝又圆又大的糍粑，蘸又香又甜的蜂蜜这种简单的方式，加上经济贸易为活动内容，其主要含义是象征着各民族大团圆、大团结、大协作，开拓美好甜蜜的生活，具有极其深刻的文化内涵。

大姚的这些民族传统节日活动，都是各民族在长期与自然、社会相互依存又相互斗争中创造和总结出来的物质和文化精品，都是从物质生活中上升为意识形态的具有理性的文化表现形式。这些节庆活动的主题都是各民族总结出来的光辉历史和塑造出来的英雄形象，以及成功的经济活动方式。这些光辉历史和英雄形象及经济方式，都代表着各民族的民族精神及经济理念。所塑造出来的民族英雄形象代表着民族精神，所形成的经济节庆活动代表着民族的经济理念。这些民族精神在历史上曾为凝聚人心、团结大众、战胜困难起到了非常重要的作用。这些经济理念也曾经为推动地方民族经济的发展繁荣起到了非常好的作用。同时也符合历史发展的规律。这些民族精神和经济理念不论是过去还是现在，都含有较为优秀的文化元素，都是各民族不可多得的并且是不能丢失的优秀文化遗产。

妙峰山

第三章
彝州屋脊　核桃飘香

大姚县境内的百草岭主峰帽台山海拔 3657 米，是楚雄州最高峰。多少人慕名前来，攀彝州高峰，观茫茫原始森林，赏杜鹃争芳斗艳。

在这彝州屋脊上，2001 年大姚县被国家林业局授予“中国核桃之乡”称号。2007 年 10 月 9 日，大姚县当选为全国核桃产业发展协作组首届轮值主席，被国家林业局确定为全国 100 个“经济林产业示范县”之一。

百草岭风光

大姚县境内的百草岭璞美、峻峭、神秘，有着别样的风光。百草岭主峰帽台山海拔 3657 米，是楚雄州最高峰。多少人慕名前来，攀彝州高峰，观茫茫原始森林，赏杜鹃争芳斗艳，迷醉于百草岭一尘不染的自然美景之中。

1

百草岭，璞美。山岭广袤古朴、气势磅礴。崇山峻岭中寒带林冷杉、铁松茂密挺拔，千沟万壑间上百种草木竞相生长，林中栖歇着樟子、飞雕、穿山甲、锦鸡、竹鸡和鹦鹉等珍禽。岭上古木苍天，树干姿态万千，似有千万只猴子在林间戏耍；有的长满了青藤和一些不知名的植物，显示出亘古久远的沧桑。长年累月大然放牧的牛马成群结队地悠闲吃草，时不时有几只野化的小马驹在狂野奔跑。百草岭东西山腰的缓坡地带，漫山遍野全是杜鹃，方圆数百亩都没有其他乔木掺杂。四五月间，数十种杜鹃花次第开放，把百草岭簇拥成五彩缤纷的花岭，让人流连忘返、赞叹不已；冬天和初春的百草岭，山顶被冰雪覆盖，寒气袭人。一年四季，百草岭毫无装饰地焕发着它原生态的美。

百草岭，峻峭。伫立帽台山，一览众山小，茫茫丛林尽收眼底。在山顶观日出尤为壮观，天晴的早晨，6 点多钟，东方发白的天际呈现鱼肚白。常常，鱼肚白的右边有堆黑厚的云，似一只横卧

❶ 百草岭

❷ 百草岭日出

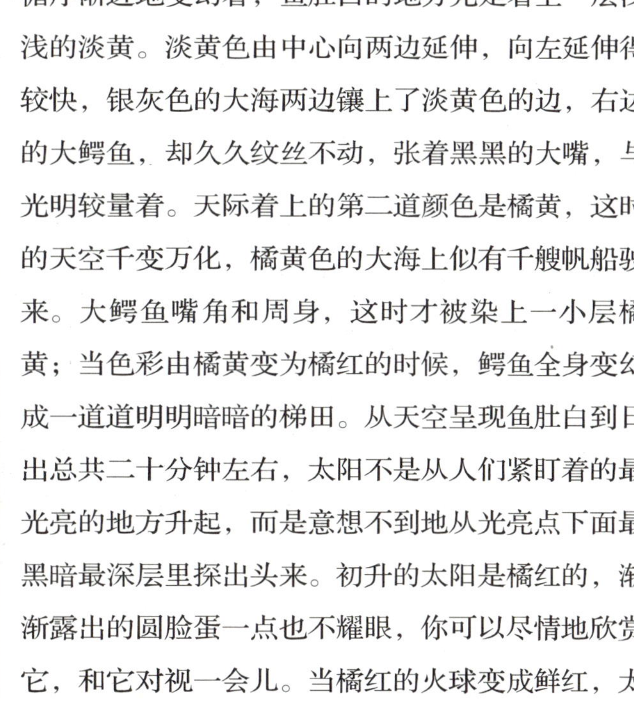

着的大鳄鱼；鱼肚白左边的云层稍薄，像银灰色的大海，远处群山模糊的剪影犹如一座座暗礁。色彩循序渐进地变幻着，鱼肚白的地方先是着上一层浅浅的淡黄。淡黄色由中心向两边延伸，向左延伸得较快，银灰色的大海两边镶上了淡黄色的边，右边的大鳄鱼，却久久纹丝不动，张着黑黑的大嘴，与光明较量着。天际着上的第二道颜色是橘黄，这时的天空千变万化，橘黄色的大海上似有千艘帆船驶来。大鳄鱼嘴角和周身，这时才被染上一小层橘黄；当色彩由橘黄变为橘红的时候，鳄鱼全身变幻成一道道明明暗暗的梯田。从天空呈现鱼肚白到日出总共二十分钟左右，太阳不是从人们紧盯着的最光亮的地方升起，而是意想不到地从光亮点下面最黑暗最深层里探出头来。初升的太阳是橘红的，渐渐露出的圆脸蛋一点也不耀眼，你可以尽情地欣赏它，和它对视一会儿。当橘红的火球变成鲜红，太阳就携带着万丈光芒彻底从黑暗中升腾起来，百草

彝山人家

岭绵延起伏的群山霎时明朗起来。

百草岭，神秘。民间传说，因为主峰帽台山好似一顶帽子，登上山顶的人会受到帽子的荫庇，人生、事业就会顺利。许多人总是怀着憧憬和虔诚去登山，一睹百草岭风采。有的人把登百草岭作为锻炼意志、自我挑战的一项活动，不骑马，专走路；有的人一次又一次登百草岭，选择从不同的角度登山，可从桂花乡味尼乍、湾碧大羊窝子等方向登山，一路上碰到的景色各有千秋。百草岭山脉立体气候显著，有“一山分四季，隔里不同天”之说，当地有的村民已登山数十次，仍然看不够百草岭风光。

百草岭，楚雄彝州璞美的山岭、峻峭的山岭、神秘的山岭。

2

那年初春，从桂花乡登上百草岭，归来后，百草岭的峻峭、广袤、神秘，一尘不染，常常萦绕于怀。从湾碧乡登上百草岭，看到的又是另一番景象。百草岭是座美丽而神秘的山，不同季节、不同的攀登路线，领略到的是别样的风光。5 月的百草岭是寂静苍茫的，深山里万物默默生长；5 月的百草岭是喧闹纷繁的，听得到百草生长、万花绽放的声音。

这次旅程是从大姚县最低海拔的金沙江边向最高海拔百草岭进发，特别能体会到气候的渐变和植被的依次不同，更加鲜明地感受到百草岭的峻峭、璞美。

金沙江支流之一的茨拉河就是源自百草岭，我们从湾碧乡的金沙江边乘车一个小时就到了茨拉，沿着茨拉河向源头百草岭进发。茨拉河吸取了百草的精华与灵气，由百草岭山峡间的点滴泉水汇集而成。在山中徒步，最高兴的莫过于一路上有清泉相伴。渴了，大家围在山泉边上，一口泉水下肚，清冽的气

牧羊女

息便扑面而来，冰凉的感觉顿时令人精神一振。清泉两旁，一直都有核桃林，枝叶发得正绿，开始挂满了小小的果实。深山密林、溪流与核桃林“交织”出独特的自然风光。

我们欣赏着一箐箐姿态各异的核桃林，聆听着溪流的欢唱声，不知不觉走了四个小时山路，海拔逐渐增高，气温逐渐转凉。傍晚时分，看到坐落在百草岭半山中的大羊窝子村庄，大家的脚步走得格外轻快。青山绿水中全是垛木房的村落、古树、身着彝族服饰的村民，让人感受到那种“白云生处有人家”的意境。对于常受汽车噪音、废气“干扰”的都市人来说，在攀登百草岭的途中看百亩核桃林、听溪水流淌，游览大羊窝子山村风貌，体验彝族风情真是其乐无穷。

大羊窝子是百草岭海拔最高的彝族村寨，有一所一师一校的村小，新建的垛木房学校尚未完工，仅有的四个小学生在李老师家垛木房里上课。正是花开季节，学生们从山上采来杜鹃花装扮教室。村里人有着和大山一样广阔的胸襟和热情淳朴的心，听说我们的到

来，男女老少都聚来看很少到村里来的外地人。在火塘边，我们喝着核桃油茶，一餐荞粑粑蘸蜂蜜、满是山茅野菜的饭吃完还让人感觉意犹未尽。山里人唱起了山歌、跳起了舞，晚上的时光就这样热热闹闹地开了场。

回味着悠悠油茶香、浓浓彝家情，我们在老乡家垛木房里睡下。月光从垛木房的缝隙中射进来，照在我脸上。月光很亮，它还从屋顶上其他间隙中点缀出点点亮光，好似许多小星星在头顶上闪亮，搭建成一个天然的帷幄，我们仿佛就睡在露天下。隐隐约约还有跳脚声传来，彝族歌调，弦子声声。我们的脚步向着远处的深山走去，在那里的土地上会看到一种纯自然、无争的美丽。

第二天早晨，我们沿着蜿蜒的山路盘旋而上，远远就望见百草岭山系满山满箐纷繁的杜鹃花、马缨花，一路上，映入眼帘的尽是青松葱郁、树影婆娑的美景，啄木鸟发出“哚哚哚”啄树虫的声音，不时还有野兔、山鸡等动物穿梭其中，耳朵听

到的是松涛阵阵，和着鸟鸣声声，真正让人感受到置身画中的幽境。

峰回路转，杜鹃仙境映入眼帘。山脊上，一树一树色彩缤纷的杜鹃花、马缨花扑面而来，气势磅礴，蔚为壮观。百草岭的花美得大气、美得霸气，是花中精灵，有的花朵大得双手都捧不过来，每朵花又开成十多个花瓣缀成的小蕊。有的白得像雪，有的红得发紫，有的粉嘴娇喘，有的张牙舞爪。一朵有一朵的姿态，两朵有两朵的奇特，一枝有一枝的招展，满株有满株的灿烂，我们的周围，都听得到百草生长、花朵绽放的声音。面对漫山遍野的杜鹃花、马缨花，同伴们都肆意挥洒，冲着山林大声叫吼起来。不知不觉中，我们闯入了一个原始的花地，一簇簇鲜艳的杜鹃花、马缨花前横亘着一棵棵倒地的枯树，树干自然老去，躺在旷野里逐年风化。在这里，生长与消逝都是那么美。

无限风光在顶峰，登上山顶，终于看到了层峦叠嶂的美丽，感受到站在云天中的气势。方圆几百亩都是杜鹃，放眼怒放的马缨花海，进入瞳孔的、心灵深处的，都是炽热的花的世界，花海顺山顶四周的山脊延伸，把百草岭簇拥成个花的海洋。这大约是上

天赐予百草岭的精灵，它们拔节的声响、开放的声音，动听得醉人心弦。

带路的老乡告诉我们，百草岭的马缨花一年都没有今春开得多，也许是去年一场春雪压抑了山花的开放，它们积蓄两年的力量在今春热热烈烈地开放了。一棵又一棵高大的大树杜鹃，缀满了成千上万的花朵，花开万枝，枝放万朵。

百草岭山顶一侧似有一根看不见的线，把山顶划分为两个地段，越过线那边，猛烈的风就会把你吹得站立不住。只要在线这边，恍然如一个避风的港湾，阳光顿时暖和起来。而大羊窝子有如一个守候高峰的避风港，为百草岭和到百草岭的人们默默撑起一席温暖之地。

传说很久很久以前，百草岭上百草丛生，草药很多，神农都到这里采过药。彝族牧羊女杜鹃姑娘常常赶着羊群放牧到百草岭，羊儿吃了百草又肥又壮。这天，杜鹃姑娘正在放牧，突然，天阴沉下来，刮起了大风。她急忙赶着羊群越过百草岭山脊，这个山脊似乎有一条看不见的分界线，把两边分隔成截然不同的世界，越过那线，风突然没有了，如一个温暖的港

❶ 牧羊

❷ 马缨花

❸ 马缨花掩映的村庄

湾，而那些没来得及越过线的羊被风刮下了山崖。天放晴后，杜鹃姑娘赶羊群回家，羊群却窝在那里赶不走了。她只好守着羊群住了下来，这就是后来的大羊窝子村。杜鹃姑娘的恋人阿青哥打猎回来不见杜鹃姑娘，就到百草岭找寻她。阿青哥在路上遭遇了暴风雨，却仍然艰难地一边向前行走，一边呼唤杜鹃姑娘。走到大羊窝子对面的山头，杜鹃姑娘听到了阿青哥的呼唤，她急忙跑到分界线上大声召唤阿青哥过来。这时，风更加猛烈起来，走得又累又饿的阿青哥眼看就要被吹落山崖，杜鹃姑娘不顾生命危险越过分界线，把精疲力竭的阿青哥推进了避风港，她自己却被吹落山崖。杜鹃姑娘化成了朵朵杜鹃，装扮了百草岭的山山岭岭；阿青哥因为思念杜鹃姑娘，在岭上站成了一棵青松，所以现在百草岭满山遍野都是杜鹃和青松。村民们在大羊窝子找到了杜鹃姑娘的羊群，它们在那里长得肥肥壮壮的，于是村民们长期在大羊窝子繁衍生息。

面对璞美的百草岭，也许我能做的只有这些，用我的心感受你的心跳，用我的笔记下你旷世绝美的风景和亘古不语的沉默。也许，我能做的只是，把你的美丽定格成我心中的永恒。

3

在百草岭山山岭岭找寻你，咪依噜。每次到百草岭，就感觉走近了咪依噜。对，咪依噜就像一朵灿若朝霞的马缨花，娇艳欲滴，抑或就是马缨花的精灵，窈窕的身子迎风摇曳，红红的脸颊，乌黑的辫子，黑黝黝的大眼睛灼灼发光，仅一闪，就闪进人们的心里去了。

传说很久很久以前，百草岭山脉的昙华山上有一个名叫咪依噜的姑娘，她长得像马缨花一样美丽。她会绣花，绣出来的花朵能吸引蜜蝶翻飞；她爱唱歌，歌声能引来林中的百鸟张望；她会织麻、牧羊，放牧的羊儿肥肥壮壮。

一天，她在放羊的山坡上，一边织麻，一边放羊，唱起了动人的放羊调。优美动听的歌声，飘过了高山深谷，深深打动了在百草岭打猎的青年朝列若的心，迷得他忘了打猎。朝列若循着歌声，翻过了无数山冈、垭口，越过了无数深谷溪流，挨近了咪依噜，在半山坡的一片雪白的花丛中和她对歌。歌声传递了心愿，两人订下了终身。

那时，昙华山有个极其狡猾凶残的土司，他在高山顶上盖了座“天仙园”。欺骗彝家人民说：“我请了仙女下凡，在‘天仙园’教人们织布、绣花，每个寨子都要将最漂亮的姑娘送去侍候仙女。”实际上，凡是被抓去的姑娘，都一个个被土官任意蹂躏。就在咪依噜和朝列若约会的那一天，土司派人来说：“‘天仙园’选中了咪依噜，必须在两天内送去，否则杀死全家，烧光寨子。”为了拯救受苦受难的乡亲们，咪依噜摘了一朵含有剧毒的白马缨花插在头帕上，毅然登上昙华山，只身闯进了“天仙园”。土司从没见过这样美丽的姑娘，高兴得垂涎三尺。立刻传家丁端来酒，准备和咪依噜畅饮。咪依噜对着凶残的土司，面不改色，取下头上的白马缨花泡在酒里，举到土司面前说："愿你我永远相爱，共同干了这碗同心酒。"说完自己先喝了两口，递给土司，土司早已如痴如醉，接过酒碗，一饮而尽。顿时，土司天旋地转，倒在地上死去。

朝列若捕猎回来，得知咪依噜进了"天仙园"。他怒火燃胸，挎上快刀，张弓搭箭，呼喊着咪依噜向"天仙园"奔来，土司的家丁吓得四处逃散。朝列若找到咪依噜，她早已闭上了美丽的眼睛。朝列若伤心极了，抱起咪依噜走出"天仙园"，他边走边哭，边走边喊，叫着咪依噜。朝列若走遍了昙华山的山山岭岭，哭干了眼泪，滴出了鲜血，鲜血把山山岭岭的马缨花染得血红血红。从此，百草岭就开出鲜红的马缨花。

彝家人民为了怀念这位献身除恶的姑娘，每逢农历二月初八这天，便采来鲜红的马缨花，装点在门头上，拴在牛羊角上，插在农具上，把马缨花视为吉祥、幸福的象征。这一天，人们穿上色彩鲜艳的盛装，头上插着鲜花，带上美味佳肴，来山顶聚会。大家呼朋唤友，举杯欢庆，共同祝福吉祥、幸福。

核桃树下

桂花大村

未婚青年男女，围着篝火欢歌起舞，选定自己的情侣，互送鲜花，作为定情礼物。

这个传统节日，从很久很久以前，不知传了多少年，直至今天。

每年，昙华乡政府都要组织祭花神、对歌、跳脚、篝火晚会和一定规模的农产品交易会。早在三四天前，百里三乡的彝家人就带上美酒佳肴，扶老携幼，从百里十里之外赶往昙华山，在密林中搭起青棚，守候着象征插花节开始的动人心弦的过山大号。

我在百草岭找寻你，咪依噜。每次看到百草岭的马缨花，就感觉走近了咪依噜。百草岭半山腰漫山遍野都是马缨花，一山山，一岭岭，色彩缤纷地簇拥着主峰山顶，主峰高高矗立着，仿佛百花为其开、百草为其生。马缨花的世界竟是这般神奇，景象万千，有花朵艳若朝霞的大红袍，有洁白无瑕、一尘不染的大百花马缨，有低眉含笑、羞羞答答、待字闺中的丫丫马缨花，有“未见君子，忧心忡忡”、情窦初开的少女马缨花，有粉淡香清、雍容高贵的西施马缨花，有青春勃发、热情奔放的红杏马缨花，有惆怅东栏、一枝独开的马缨花，有幽幽愁愁、紫装带泪的马缨花，有“一笑为谁容”的笑脸迎客马缨花，有红白相间、晶莹剔透的玛瑙马缨花，有如数只红蝶飞舞的红蝶马缨花。漫山的马缨花令人顾盼流连，一眼能看穿百草岭的马缨花吗？不能，那种繁花似锦，那种连绵不断似乎延伸到天边。“浮云到此不忍去，始知白云恋马缨。”百草岭的马缨花种类繁多，简直是个谜，是个奇迹！各个种类的马缨花在这里似乎都能找得到。有的马缨花隐藏在林密处，“爱而不见，骚首踯躅”，让你找寻半天才见花朵。百草岭的马缨花带给人的是一种震撼，马缨花从小生来自强自立，在山岭间超凡脱俗地生长，它们不亢不卑、恣情地开放。

核桃林中的小村

传说中的咪依噜是美丽、勇敢的象征，传说中的咪依噜的美，是充满悲情的。而现实生活中的咪依噜艳若朝霞，她就生活在彝山，幸福生活给了她一双翅膀，她乘着翅膀飞翔，全身都有无比的灵气。我仿佛见到你了，咪依噜，你的大眼睛一忽闪，就会把树枝上的鸟惊落下来。你长得像马缨花一样美丽。会绣花，绣出来的花朵能吸引蜜蝶翻飞；爱唱歌，歌声能引来林中的百鸟张望；会织麻、牧羊，放牧的羊儿肥肥壮壮。

拜访妙峰山

集名气、灵气、文气于一身的妙峰山，是古大姚八景之一——妙峰晚翠。清道光《大姚县志·地理志》记载："斯山耸然，平立于众山之表，每当夕阳蒸烟，万山皆紫，峰头浓翠欲滴，数十里外，见之如在图画中。"

妙峰山是一座雄美俊秀、风光秀丽的山，也是一座佛教名山。山中的德云寺已有391年历史，1998年被列为云南省文物保护单位。从古至今多少名人名仕纷至沓来，到妙峰山拜山朝佛，留下动人的传说和美妙的诗文。

对妙峰山的记载最早始于《华严经》。"善男子，于此南方有一国土，名为胜乐，其国有土，名曰妙峰；于彼山中，有 比丘名曰得云。"现存于德云寺内的《重建妙峰德云寺碑记》记载："姚州城东四十里外，有妙峰一山，高出云来，俯观叠层峦罗列于三姚境内，如万马之驰骋起伏，有不可得而名状者，崇祯己巳有。"当年在滇中鸡足山、水目山、妙峰山是三分界天的佛教名山，何以得名妙峰，查古追今不得而知。从德云寺的一副古对联可得知其中的奥妙，"得是云耶遍处大千世界，妙哉峰也秀撑不二法门"。明进士陶廷也题了一对匾来赞扬妙峰美景：狮子频伸，象王回顾。大清兵部尚书总督云贵部院长白仲麟题了诗情画意的一匾：兰若拈笑。

妙峰山地处怒江、澜沧江、金沙江三江并流地区，百草岭山系

明代著名地理学家、旅行家徐霞客曾赋诗赞叹妙峰山和德云寺："路织千山积翠连，穷途欲尽到天边。峰留古德云还在，界僻诸天月正悬。狮窟吼风随法鼓，龙泉喷玉获金莲。我来万里瞻慈筏，一榻三生岂偶然。"

余脉，坐落在牟定、姚安、大姚交界之地，是当年滇蜀南方丝绸之路灵关道的要冲。妙峰山离大姚县城 10 公里，处北纬 25° 37′、东经 101° 11′，山势南东走向，转东分为多条沟谷，山高势雄，山外有山，山中藏谷，主峰海拔 2341 米，西北面山下有一个水库，蜻蛉河自西南而来，曲折向东，如玉带一般从妙峰山前流过。远远看去，妙峰山如一朵在姚安坝子、大姚坝子边盛开的莲花，真可谓山清水秀，群峰生妙境。妙峰九山十八凹，占地 1800 多亩，群山耸立，有长凤山、玉屏山、烟峰山、伏象山、四龙山、天柱峰、天外峰、大雄峰、善财峰、双雄峰、别峰环绕在德云寺周围。有龙树泉、洗脚泉、涌珠泉、瀑布泉、碧沙泉、殊胜泉，从妙峰群山中流出。最富传奇的涌珠泉，古时泉水大如桶，水中带有白色石子与泉水一起涌出，神秘的传说惊动了当地政府，派科技人员去考证，泉水中涌出的龙弹子是地下的石灰石，在水中被磨成圆珠状，具有清肺明心之药效，已被游客和当地人捡完，现在很难看到。

自古名山名寺占多，妙峰山上也有一座建造四百多年的滇中名寺——德云寺。古寺建筑被列为省级文物。中国人对世间万事万物都讲个由来和因果，妙峰山德云寺被称为名山名寺，自有它的来龙去脉。

我们今天回望妙峰山德云寺的历史文化遗迹，在一个时期，云南的汉传佛教以鸡足山、水目山、妙峰山为中心，而妙峰山是继鸡足山之后，滇西第二个佛教圣地，是佛教上的华严首参。《华严经》记载：善财童子第一参之善知乃德云比丘。彻庸祖师作为德云比丘化身创建了德云寺，确立了在云南禅宗的泰斗地位。

圣典授记，《华严经》第六十二卷授记妙峰之缘，善财童子第一参：善知男子，于此南方有一国土为胜乐，其国有山名曰妙峰。于此山中有一比丘名曰德云，汝可往问。菩萨云向学菩萨行。菩萨云何修菩萨行。乃至菩萨云何于普贤行疾得圆满。德云比丘当为汝说，尔时善财童子闻足话已。欢喜踊跃，头顶礼足，绕无数匝，殷勤瞻仰。悲泣流泪，辞退南行。问胜乐园，登妙峰山，于其山上。在明代万历六年，高僧彻庸被圣境招感而来，被德云比丘示现为一白衣老和尚接引，使他顿悟妙峰山为华严首参圣境之地，发心建伽蓝，建寺命名为德云寺。整个寺院四合五天井，走马转阁楼。七十二间一百零八格的明清建筑格局，有大雄宝殿、祖师殿。两侧依次是山门、钟鼓楼、地藏殿、客堂、大悲阁、玉佛殿、藏经楼、选佛殿、斋堂、僧舍，组成一个规模宏大，至今保存完好的古建筑群。寺内泮池、坊廊、楼阁交错，雕梁彩绘，门梁、窗子、格子、枋檐角斗拱精雕细凿，墙壁彩绘人物、山水、花鸟和历史典故，栩栩如生，殿内殿外留有历代名家的楹联、匾额，寺院内藏经上万部，后被国家图书馆收藏。

整个寺院最雄伟壮观的当数大雄宝殿，九开间的单檐歇山顶式建筑，正背两边为尖角吻兽，中央是圆形宝顶，十七式与穿斗式木结构，殿前 10 根木柱支撑，三层斗拱托起屋檐向外延伸，四角翘起，檐下一条 2 米宽的走廊，18 扇格子门精雕细琢，向游客讲述着一个个神奇的佛教故事。大殿内塑有庄严的五方佛和十八罗汉，每逢初一、十五有近百信众在大殿内朝佛。

山美引来百凤朝，名寺引来名人游，无论是传说和志书都流传着一大批名僧、文人到妙峰山看字拜佛。大姚古称蜻蛉，一直是滇西北的一个重镇，文化名邦，名人会集。唐天宝五年丙戌（746 年）吐蕃五僧在大姚建藏传佛塔白塔，2006 年被评为国家级文物。民间传说中当年唐僧师徒西天取经，专程到大姚祭拜白塔，孙悟空不小心把金箍棒弄丢在城外的泉水塘里，把泉水搅混，白水塔从此不清，改名混水坝一直至今。到妙峰山拜见德云比丘，直往西天而去。

名山有名寺，名寺出名僧，妙峰山为华严首参，德云寺为华严领袖，出生于 1591 年的彻庸祖师修行成为云南禅宗第五代泰斗领袖人物。11 岁时到鸡足山拜周上人为师，18 岁顿悟要论《唯摩经》。1626 年 36 岁的高僧彻庸，来到千峰竞秀、万壑斗奇的妙峰山始建德云寺。历时三年建成，被誉为“德云比丘道场”，华严第一参之圣地。

庄严佛地，宇殿宏伟，古树幽径，龙潭流泉，奇峰异草，香烟缭绕，景色宜人，德云寺声名鹊起，吸引一大批高僧上山进寺修行。一时间非相善行无往，学蕴知空，友山悟祯，普荷担当，洪敬法师、洪一、洪闻、洪众也先后到妙峰山德云寺与彻庸禅师一起修行，普度众生。三姚地区的一些文人官绅、名仕陈继儒、李贺、陶廷、陶珙、王锡衮也到妙峰山德云寺参游、会友，与彻庸禅师互赠诗文，留下了大量赞美妙峰山德云寺的诗文。陶廷的“妙峰山顶德云寺，别野经行一比丘。烟水茫茫何处觅，开山鼻祖一轮秋”。王锡衮的“烟峦最深处，野

省级风景名胜妙峰山

鸟鸣空山。日落蝉声急，松高在梦闲。渔舟花里出，僧殿雨中行。客去禅逾夜，焚香夜闭关”。

远在万里之外的徐霞客，也于 1638 年踏上了寻找妙峰山德云寺的云南之旅。顺着川贵滇五尺道、灵关道，进昭通，到昆明，停武定，观元谋，过龙街，1638 年十二月初九到达大姚县城。到县城西南旅社休息了一夜，初十日出县城南门桥，过土桥，到达赤草峰街子（今仓街街子），南行四里半到达唐家村后遂向东上山，一里半后到达了妙峰山德云寺。《徐霞客游记》载：“一里，至妙峰山德云寺，寺门向西，南望烟萝，后有梦庵亭。后五里碧峰庵，十一日，德师未归，看藏，十二日饭仍西下山……南路直抵大山下，半里，为高土官家，又上半里，活佛寺临其后。其西大山名龙凤山，又名广木山。寺号龙华，僧号寂空，是日下午，寂空留止后轩东殿。”徐霞客在妙峰山德云寺拜见彻庸禅师，等了三日不见彻庸归来，留下了两首至今刊刻于寺院大雄宝殿西墙上的诗文：“路织千山积翠连，穹边欲尽到天边。风留古德云还在，界壁诸天月正悬。狮窟吼风随法鼓，龙泉喷玉获金莲。我来万里瞻慈筏，一榻三生岂偶然。”“玉毫高拥翠芙蓉，碎却虚空独有宗。钟磬静中云一壑，蒲团悟后月千峰。拈来腐草机随在，探得衣珠案又重。是自名山堪结习，天华如意落从容。”

彻庸禅师一面兴建寺庙，一面收徒传佛法，还著书立说，著述了《谷响集》《梦语摘要》《曹溪一滴》《径石滴乳集》。

江山不老，历史前行，妙峰山在不同朝代发生了无数的故事，但它作为传授佛法、净化心灵、陶冶心情的风景名胜的地位和作用一直没有变。清嘉庆二十一年（1816 年），大姚进士翰林院编修刘荣黼题写了“德普云垂”匾。清光绪二十二年（1896 年），大姚县衙劝学总董鹿开肇等人发起，在龙树庵办起大姚第二高等学堂。1947 年，段英在龙山千华寺举旗议事，称中国民主联军滇西纵队，曾到妙峰山德云寺驻扎数日，宣传反蒋政策。1965 年，在大姚妙峰山开办了大姚妙峰蚕桑学校。1973 年，在妙峰山德云寺开办大姚第四中学直到 1983 年，1989 年德云寺又恢复为佛教场所至今。1998 年 12 月，被列为省级文物保护单位。

彻庸禅师刚出生时白气出层，乡人异之，刚出襁褓啼哭不止，有僧人登门赐名慧九，后在妙峰山开堂接众，佛众云集，名震滇南。

名山名寺，经几百年的历史及自然风光的沉积和凝练及名僧的修行、名家的造访，使妙峰山具有深厚的文化底蕴，有与鸡足山、水目山齐名的名气，经几百年而不散的佛教灵气佛教经藏国家图书馆的文气。名气、灵气、文气是妙峰山的魂，也是滇中地区历经磨难、保留完好的历史文物。真是滇南万里，一山妙景。

丛林所应有者无一不具，布置规模皆循旧制，独壮丽有加焉。

庸起偕徒洪如出滇云游，访名山，参大德，请藏经，到浙江太白山天童寺参临济宗密云大师，到南京请藏经一部返回云南，供藏于妙峰山德云寺，继而在妙峰山筑戒坛，开场选佛。自彻庸起，滇西禅宗进入了一个临济、曹洞宗相举并重的时期，也是一个佛儒相融的时期。其间，又巧逢儒官李贽以南京刑部尚书郎衔入滇任姚州知府，于城南德丰寺开设三台书院，常与彻庸有思想、文学方面交流的陶廷、郭万民等都是李贽的得意学生，对佛教也采取“务以德化民，不贾世俗能声”的宽松支持政策，使三姚地区形成重佛兴学的良好社会风气，培育出了李贽、高奣映等大哲学家，刘荣黼、张九皋等一批进士文人，及近现代爱国民主人士李一平、云南早期领导人赵祚传烈士。

一山一世界，一寺一净土，集名气、灵气、文气于一身的妙峰山，又迎来了一个好运，2017 年楚大高速公路将从妙峰山脚通过，妙峰山将敞开大门，喜迎天下游客。

金沙江流过大姚

“一道残阳铺水中，半江瑟瑟半江红。”金沙江流经大姚历程只是短短的62公里，可对于大姚人民来说，这已经是上天对这块美丽富饶的土地一个天大的恩赐了。

1

金沙江是我国第一大河长江的上游，多少年来与黄河一道，被人们亲切地称作祖国的母亲河。金沙江历史悠久，发源时间较早。早在两千多年前的战国时期成书的《禹贡》一书中，就对其有所记载。那时的金沙江被称为黑水，随后的《山海经》中，又把金沙江叫作绳子。到了三国时期，人们又将金沙江称为泸水。在诸葛武侯写下的名篇《出师表》中就有“故五月渡泸，深入不毛”之句。北魏时期的郦道元在其名著《水经注》中，首次对金沙江的水系做了详细的描述，但未能言明金沙江与长江干流的关系。除此之外，金沙江还有丽水、马湖江、神川等名称。大宋年间，因为沿河盛产沙金，“黄金生于丽水，白银出自朱提”。沿河两岸出现了许许多多的淘金人，而被改称为金沙江。

金沙江水汹涌澎湃、蜿蜒流淌，造福着一方百姓。千百年来，多少过往的人，无不为之倾倒、为之赞美。在这条神

洗麻线

奇的江两岸，留下许多美丽动人的故事。金沙江上游由北而南，到石鼓后突然转东向北，到丽江奉科后又折头南下，复转东去。对于这三折三曲，有一个美丽动人的传说：怒江、金沙江、澜沧江，是最要好的三姐妹。其中三妹金沙江是三姐妹中最聪明、漂亮、美丽动人的那个，她是一个有追求、有理想的姑娘。话说一日怒江、澜沧江和金沙江三姐妹结伴出游，不想在半途中却发生了争执，大姐、二姐固执地要往南走，而金沙江姑娘却立志到太阳升起的东方去寻找光明和爱情，到石鼓后，告别两个姐姐，毅然转身东去，这便是长江第一湾的由来。另外的一个传说却是：一日三妹金沙江姑娘随玉龙老人去会东海龙王，玉龙老人走得快，先到丽江古城中睡了一觉。当三妹金沙江姑娘赶到的时候，玉龙老人还在呼呼大睡。等了许久，老人都没有醒来，为了赶路，她只好去搔搔老人的脚底板，不想老人不但不醒，反而把脚一伸，伸到奉科，挡住了她的去路。无奈她只得绕大弯子走，经历了千辛万苦，终于

到了东海。在另外一些传说中，如《金沙江姑娘的出世》中说，金沙江姑娘的父亲是天神雷公，母亲是马头山姆，怀胎九千九百九十九年后出生，由月亮用金浆洗过，接着走向自己的前程。当她来到纳西族居住的地方“依古”，人们给她取名“依布”，从此她和纳西人结下了不解之缘。在《红石岩》中，她是要去东边的大海找妈妈的小姑娘，即将到石鼓的时候，被凶恶的石岩挡住，她一次次地猛推，石岩不让，水淹了田园和村落。她不忍心，又一口将洪水吸干。玉皇大帝见她如此善良，就派大将把石岩射开，辟下一条道路，放她通行。她在千恩万谢之后，才依依不舍地离去。有的传说还赋予她美丽动人的爱情。如《金沙女神与石鼓青年》中则是这样描写的：一日天神派他的三个女儿去劈地引河，其中大姐去引怒江，二姐去引澜沧江。引金沙江的三妹来到石鼓后，不想却与当地一个英俊多情的小伙子相识、相爱了，流连良久。但为了完成父王引江的使命，不得不辞别情人，速速东去。过了三千三百三十九年后才返回，欲与爱人相聚，可是不想与她相爱的小伙子早已经化为了石人。无奈之下，她只好伤心地返回了米丽达吉海，这段江流便形成了无数道曲曲弯弯。虽然我们不知道这些有关金沙江的故事是

真是假，但却在民间流传了不知多少年，吸引了不知多少人。

金沙江不仅神奇、美丽，而且在历史上因为许多的重大历史事件而让它名垂青史。蒙古宪宗三年（1253 年），忽必烈率领蒙古大军攻打大理，过大渡河至金沙江，乘革囊及筏在丽江以北江段渡过金沙江，最终完成了大一统。元朝至顺初年，镇西武靖王搠思班为了平定云南叛乱，率领大军夺取金沙江，直取中庆。1935 年 4 月 28 日，为了摆脱国民党的围追堵截，北上抗日，中共中央政治局会议决定，红军利用有利时机，争取迅速渡过金沙江，转入川西，消灭敌人，建立苏区根据地。总参谋长刘伯承为渡江先遣队司令，负责组成渡江司令部，统一指挥全军渡江。红军部队于 1935 年 5 月先后渡过了金沙江天险，摆脱了几十万敌军的围追堵截，取得了

红军战略转移以来具有决定意义的胜利。开始走上了胜利的征途，在波澜壮阔的中国革命战争史上写下了光辉灿烂的一页。后来毛泽东主席在《长征》一诗中写下了“金沙水拍云崖暖，大渡桥横铁索寒”的著名诗句。

无论怎样诉说，大姚这一方水土能在中华民族历史发展的洪流中，成为一个小小的、不可缺少的细胞，不能不说这与金沙江的结缘是分不开的。金沙江造福了大姚的一方百姓，大姚的一方百姓也从来没有忘记过这一条祖国的母亲河！如今时空已经轮转过了千年，但金沙江依旧美丽、神奇，汹涌澎湃着一直向前。

2

“若我望你时，我便在你身旁吟唱悠扬的歌曲；若我喜欢你时，我便捧起一把细细的江沙，把心事埋在心底；若我恋你时，我便与你搂肩喝一杯同心酒；若我把一生都托付于你，我便与你相守，从此不再分离，从此红尘飞渡。”当走进金沙江时，我的心底不知为何，突然有了一种莫名的冲动，一些似诗不是诗的句子控制不住地从脑海中飞奔而来，梦幻中的金沙江就这样出现在了眼前，把我一下子从睡梦中惊醒。

此时此刻，金沙江正以一种浩瀚的气势从天边混茫之中，缓缓流淌过来，水流声安静得让人静谧，这反倒让它显得有点儿沉雄而有力，仿佛就像大唐李世民破阵乐中的序曲。江水呈现出蓝宝石色，但没有闪光，并不是很耀眼，很和蔼可亲，让人容易接近，让人可以逼视。离江面越近越开阔，水流也越加沉着、越加平静，留下了一湾巨大的、晶莹柔美的沙洲，令人顿生居其上之想。我没有想过金沙江究竟会有多美？当我第一次靠近金沙江的时候，我还是忍不住地惊叹了起来。“一道残阳铺水中，半江瑟瑟半江红。”夕阳西下的金沙江的确是太美了。只要不夹带偏见，平心而论，任何

金沙傣族少女

人都会为夕阳西下的金沙江点赞。是的，金沙江的美，真的让人实在是找不到更多的语言来形容。无论你何时到，它就像一条蓝色的宝石带子，坚定地、安详地、缓缓地、义无反顾地奔流向远方，奔流出了天地间一幅壮丽的大美的画卷。

金沙江与黄河一样，都是祖国的母亲河。它从诞生之地起，就一直在不停地奔涌向前，穿越了万重山，流经了万条河，哺育了世世代代居住在它周围的人民。大姚湾碧傣族傈僳族乡，就是因金沙江奔流而过，而显得格外地引人注目。

我因工作的原因走进了金沙江，从此也就再也没有从它的身旁离开。每一个日出的清晨，每一个日落的黄昏，我总是喜

金沙傣族少女

欢独自一个人坐在无人的山坡上，观看金沙江的美，每一次我都会感慨万分，每一次我都会意犹未尽。特别是夕阳西下的金沙江更是让我流连忘返，每一次当落日的余晖隐退到天边，映出一片绯红的光晕时，我都会情不自禁地在心里欢呼。自远至近，都是一重又一重的山峦，色彩朦胧而淡紫，而灰蓝，而灰绿，而郁郁苍苍，而五色斑斓。山脚下的江面上浮着一层光芒，越远越浓，渐至湮没了苍苍的山色，而与晚霞融为一体。沿江两岸的群山便飘浮在了烟雾之中，缥缈而虚无。在落日最后那柔和的光芒照耀下，金沙江水映出了一片片难得的绯红的光芒，在江水与沙滩的错落相间中，显出了韵律的变化，仿佛一曲如歌的行板，音调的亮色与暗色交替出现，很有规律。但一拍与一拍之间又有不同，在不知不觉中，最后消失在苍茫的暮色深处。

坐了将近八个小时寂寞的长途，听腻了几十首流行歌曲，在筋疲力尽的时候，我终于来到了向往已久的金沙江边。

山势险峻，江水奔腾，那宽阔而气势非凡的金沙江就在我的面前，就在我们每一个人的身旁。我的心里多少有点儿激动与兴奋，仿佛见到了梦了许久而一直无法见到的亲人。我想那些久远的激动是因为金沙江的壮观与美丽。远远地就听见你在咆哮，远远地就看见你在翻腾。你的壮丽早在几千年前就被骚客文人抒怀成了不朽的诗文，你的美名早就与那些沧桑的历史风云人物一起载入了璀璨的华夏文明。

金沙江是我国第一大河长江的上游。我原以为我用世俗的眼光就能够把你看个究竟，可还没有站在你的边缘，我已经把原来的想法和自以为能够看透世事的眼神，心甘情愿地抛进了那壮美汹涌澎湃的金沙江水之中。金沙江属于峡谷河流，两岸高山险峻、树木稀少，到处长满了不知名的茅草。沿江两岸橡胶成林、香蕉成片，木棉花开时，万绿丛中嫣红

捡江石

1 优雅的湾碧傣族

2 花傈僳

点点。有的地段江水荡漾、波光粼粼，有的地段则是波涛汹涌、水流湍急。刚走到你身旁的时候，我一贯低沉得有些伤感的灵魂，就被你奔腾流淌的气势完全点燃了，完全折服于你绝世的壮美。于是我也同别人一样张开双臂、挺起胸膛，兴奋无比地大声叫唤，我不知道我的大吼声，你是否听见？我只是感觉到喉咙发烫。

金沙江，我们慕名而来，我们又慕名而去。有些留恋，有些难舍。我们不能在你坚硬的岩石上留下一串难忘的脚印，而且还被你冲天的雨雾淋湿了衣襟。来不及把你细细欣赏，来不及与你诉说衷肠，我们就得与你作别。金沙江，我们不但了却了胸中梦寐以求的渴望，更为重要的是我们从你那里获取了前行的信心与勇气，获取了宝贵的斗志与力量。

3

那个季节，行走在金沙江畔，心里总有说不出的感动。看着汹涌澎湃的江水一路劈波斩浪向前奔流，我在想大自然究竟用什么样的魅力和方法，让这样一条宽而广的大河穿越了崇山峻岭。

大姚湾碧傣族傈僳族乡的金沙江确实美丽壮观。当我第一次与之相遇的时候，我的心里就觉得好像前世就与之非常有缘，时常一个人独自坐在江边，望云卷云舒，看花开花落，对金沙江总是有一种看不够、舍不得的感觉。那个时候，我就觉得金沙江的秋天特别美，高远的天空，流动的江水，飘飞的白云，江上的点点灯火，总是让人有一种心旷神怡的感觉。

那个季节，我总是喜欢行走在金沙江边。风吹来了秋天的童话，吹来诗一般的意境，树上落下的枯叶，掉落在平静的江面上，远远看去就像一条航行在江面上的小船。天空是蔚

渡船

蓝的，白云在悄悄地流动。不时飞过天空的鸟儿，把欢叫声留给群山。那个时候，浪漫的情怀总是在环绕着年轻的心，记忆深处的角落里，总是常常浮现出金沙江畔秋天里的童话故事。

金沙江畔的秋天，总是让人留恋。有风的多情，有阳光的热烈，有秋雨的缠绵。汹涌澎湃的江水流淌到了每一个角落，冲进了每一个人的心房，醉了那里的绵延不绝的群山。小巧玲珑的吊脚楼里传出的窃窃私语，温暖了整个秋天的季节。火红的木棉花，飘香的芒果树，醉了整个季节。

金沙江畔的秋，阳光比预想的还要明亮，我总是踏着黎明的晨曦，或暮色的黄昏，信步走在沿江两岸，去看落山的太阳，去听恬静的乡村民谣，去闻道路两边果园里飘出的香味。秋天，是一个充满收获的季节，也是一个挺让人沉醉的季节。这个季节里的风景，拧成了一条绚丽的彩带，在人的瞳孔里会无限放大。一路上，我能够看到在田间地里忙活的勤劳善良的农民，也许日出而作、日落而息的生活，正是他们的梦想。

金沙江畔的秋，用色彩与时光演绎这个季节的传说。背上行囊，我希望与你一同走进秋天的童话，走进历史的王国。

❶金沙江　❷江边小村

渔泡江汇入金沙江，三州交界之地：铁锁拉巴乍

穿火草筒裙的村庄

金沙江波光粼粼，奔流不息。那是一条现世的，流淌在群山间、标志在地图上的浩浩江流，却一直流淌在我的梦中，就像母亲，像母亲的母亲，养育了我，也养育着我的母族，及金沙江边我那一茬又一茬的祖辈先贤。

1

斑斓的江石，柔软的沙滩，火红的木棉，江边那一片片甘蔗林和芭蕉树，总让我魂牵梦萦。

又一次出发前，我想，离开它，有多久了呢？好像已经很久，很久。

于是抛开烦琐事务，毅然转身，向金沙江边的湾碧傣族傈僳族乡奔去，从寒意渐深的城市，来到江边这方土地，转眼就被和煦江风吹得温暖阵阵，仿佛春意盎然的春天来临。

江水退去了一些，江岸绿油油的，沿江的沙石甚至还带着一丝湿气。

捧一捧江水，洗去风尘。坐在岸边的大石头上，听江涛阵阵，不觉天色已晚。月亮升起，天空清碧，月色皎洁。

掏出手机，就在江涛声中，给远方的朋友打去一个又一个电话——哦，我愿与每一个朋友共享此夜，这江流，这月光，这心情。

小憩

如果可以，我宁愿彻夜不眠，守在江岸。

明月高挂，如一缕电光，照耀着回家的路。

行囊中带着几粒系着腰带的江石，明天，游子又将远行。

此刻，我想起了什么？

谁能想象，湾碧，这片地处大理、丽江、楚雄三州交界的土地，曾被万支手电筒照亮？

当年县文工团第一次去那里演出，三州交界万名群众争相观看，场面十分热烈、壮观。

曾有一次，演出正在进行，突遇意外停电。观众没有分散离去，而是打亮手电筒，几百只手电筒光一齐射向舞台，夜色退隐，歌舞欢腾。茫茫群山中，只有那一片天地在闪亮，直到演出结束。尔后，手电筒的长龙，才缓缓涌进了大山深处！

沉沉夜色中，在千万支手电筒的弱光汇聚成的灯光照耀下，那些古老的傣族服饰依然那样鲜亮，淡淡散发着一种靛青色的美丽。

外面的人，包括我女儿这一代人，不会再看到那种场景，感受

❶ 纺布

❷ 搓火草线

到那种震撼。尽管她们观看的现代演出，有华美的布景，有炫目的灯光，也无法与我记忆中的那场演出媲美。

2

我嗅着春香而来，走进金沙江峡谷里的这个傈族寨子，满山满箐的攀枝花开得正红，恣意奔放，浓情似火。

餐桌上，吃着黄桷芽煮豆浆，乡亲们说：如果再来晚十天，就吃不到这道菜了，黄桷芽就要长出叶子了。我暗自庆幸自己有口福，这个下午，我们胃口大开，吃着各式各样的傈家特色菜，爬公菜、肝花酱……光听听名字，就叫人淌口水。

村里有些老人，一年四季穿着漂亮的傈装。我第一次进村，见到一位傈族妇女，正在卫生室打点滴，一身傈族服装，姿态优雅，丝毫看不出生病的迹象。第二次到村，恰好又遇见她在村头乘凉，身着美丽的傈族火草筒裙，依然袅娜优雅。一问年岁，竟已是六十多岁的老妇。村里还有一位更传奇的傈族妇女，听着她唱的柔软悠扬的傈族调子，我很难想象那妙曼歌声，竟然出自这位八十多岁的老妇之口。她数十年如一日穿戴整洁、歌喉清亮——就像她年轻的时候。虽说儿女已有两人过世，她却心境平和，每天照样梳妆打扮，火草筒裙穿戴一新，在闭塞的尘土飞扬的山旮旯里，尽管无

人欣赏，却独自优雅，招展美丽。

纺麻线的傈僳族妇女姿态最是优美。那天我见到的，是一群傈僳族妇女，摇着九架纺车，一起纺线。她们以右手轻摇纺车，仿佛转动着时光，左手拨着纺线，一会儿平伸开去，把线拉直，一会儿慢慢举起，然后放低；随着左手的起起落落，身子也在吱吱呀呀的纺车声中，忽而前倾，忽而后仰，酷似一场舞蹈。我知道，我看到的是一场金沙江傈僳族人忙碌的劳作，更是一场傈僳族传统文化的美丽展演、一场民族艺术的盛宴。

那场普普通通的劳作，记录下的，正是金沙江边傈僳族即将消失的古老纺织技艺。那天，我嗅着春香而去，没有喝酒，却酩酊大醉。

纺线

3

傍晚时分，我走进金沙江峡谷的一个傈族寨子，路过一户人家门口，无意中就望见，院子里站着一个穿傈族盛装的老人。

那不是节日。在这尘土飞扬的乡村，一个平常日子，竟有这样穿戴郑重的人。在村中李兰傈妹家住下后，我不禁好奇地打探那位老人。

第二天早晨，李兰傈妹把老人请来一起喝油茶。我怀着虔诚的心，聆听了这位时年 80 岁的民间艺人唱的调子，我称

之为“福歌”。我庆幸自己有那样的福气，能亲耳听到一场“绝唱”。

老人用傣语为我们唱了两首歌。其中一首歌《丢失在这里，住在这个村》：

我的好侄女啊！今天我要摆给你听，说给你认得。
老祖宗把我们放在田野里，掉在草丛中，
可惜老祖再不会来牵这根藤，
老宗也再不会来认这藤根，
把我们扔在山沟里，露水里，树林里。
今天你们来认这根千年藤，万年藤，
你们的心像星星，像月亮一样纯洁、高尚。
这个村以前很陡很滑，我们生活好艰难，
我们以为我们的食指永远赶不上别人的中指，永远找不着好村子住，有好人相帮，
但我们勤快、勇敢，又有你们贵人来相助，
这个村被我们拿石头砌平了，好住了，
我们这个村现在是金村，是银村……

撕麻线

我庆幸在这民间底层的舞台，能听到如此美妙的歌声，一如天籁；这从一个古老民族灵魂里飞出的歌声，比花上几百上千元，在城市大剧院看到的演出，更显珍贵。

余音袅袅，如那根老藤，那根千年藤、万年藤，先是在我心里盘旋缠绕，继而在我心里深深扎根。那笔宝贵的、罕见的民族文化，就那样散落在民间，隐藏在深山，朴素而又华丽。

金沙江边的那一支傣族，那些傣族女人，世世代代，衣袂飘飘，优雅劳作。与她们的艳丽服饰形成鲜明对比的，是沿江两岸苍茫的荒芜；而她们祖祖辈辈，都一直在与险恶的自然环境抗争，就在偏僻的峡谷里，绽放着美丽。

在窄狭的屋巷，在简朴的厨房，在火塘边，那些走路的、做事的、煮饭的妇女，穿着优雅的火草筒裙，回头凝望间，惊为天外尤物，仿佛已不属于这个尘世。

很少有外地人到这里来，当地有的老人，也从未走出过大山，不短也不长的一辈子，就这样匆匆走过。她们身着的火草筒裙，装点着寂静山乡，哪怕无人欣赏，依然散发着艳丽的光芒。

许多艺术家来到这里，百思不得其解，生存环境那么恶劣的地方，居然有那么美丽的服饰，那么优雅的生活？他们来到这块土地，从中吸取营养，喂养他们的艺术。

只要听说有县里文化部门的人来这里拍照，全村老少都郑重地着上傣装，像过节，笑得花一般灿烂。

他们知道，是什么滋养了他们。是金沙江畔的山山水水，是山山水水间生长的那些粮食，那些优雅的服饰，那些动听的民歌……我的乡亲，从不吝啬他们的美，乐于向所有人展示那样的美。

4

水花在人群中飞溅，人们追逐着泼洒吉祥水，无论是用力泼水

的还是浑身湿透的，脸上都溢满了喜悦。农历三月初七这天，欢声笑语盛满了湾碧的大街小巷，各族群众、八方宾客赶来这里聚会，欢庆一年一度的民族传统节日“窝巴节”，湾碧成了歌的海洋、舞的世界和商贸聚集地。小卜哨涟漪的酒窝映进了金沙江，小卜帽的眼神捕捞着迷人的笑靥，人们用喜庆节日的方式祈盼来年风调雨顺、五谷丰登、六畜兴旺。

相传很久很久以前，傣族的祖先禄拜国王在一次抵抗外来入侵的抗争中不幸阵亡，王子青哥和公主红妹继续率领傣家人与敌人血战，并领着村民长途跋涉、历尽艰辛来到金沙江边定居。敌人为了把傣家人斩尽杀绝，又勾结金沙江岸的石峨精带着山妖水怪残害傣家人，在一次战斗中，由于寡不敌众，青哥和红妹被敌人围困在山岩石洞中，兄妹仍坚持与敌人拼杀。

一天，天空乌云翻滚、雷雨交加、江水暴涨，傣家人定神一看，只见江边沙滩上躺着一条红鱼，喊着“水！水！水”，傣家人端来江水喂红鱼并向她身上泼水，红鱼喘息着说：“我是公主红妹，我和青哥共同杀死了石硪，赶走了山神鬼怪，我

❶ 火塘边

❷ 烤油茶

俩也身受重伤跌落金沙江里，青哥变成了青鱼，我变成了红鱼，我们兄妹俩会保佑傣家人永远吉祥幸福。”红鱼说完翻身跃入江中找青哥去了。

从此，傣家人在金沙江边的湾碧定居繁衍下来。

三月初七就是青哥和红妹落入金沙江的日子。为了纪念青哥和红妹，每年这一天，傣家人都要用上好的木料雕刻一条青鱼、一条红鱼。拴上红线，并给青鱼和红鱼喂水、泼水，放入江中，人们沿江诵经、烧纸，直到把木鱼顺江拉入小河的深塘中。在河边相互泼水，唱歌跳舞，享受丰盛的野餐，热闹三天才各自回家。

“叠叠奇石尽含千古秀，湾湾碧流犹藏万年春。”摄影师来了，画家来了，各族人民欢聚在金沙江畔。现在的“窝巴节”仪式越来越被简化，内涵却越来越丰富，人们把“青哥红妹”的传说、“窝巴节”由来、“祭鱼”等融入傣家丰富多彩的舞蹈里，融入那种周身透湿、酣畅淋漓的热烈的泼水活动中，人们对美好生活的祈愿没有变。彩石和碧水装裱的沙滩，一群傣妹拿着渔网在跳“晚霞渔歌”，妩媚的秋波荡漾着围观的人群。喜爱水、依河而居的傣族妇女是捕鱼的高手，“妇女捕鱼”是湾碧傣族的一大特点。每到夏季，妇女们便成群结队地到河中捕鱼，她们身穿火草筒裙，手持捞兜撒网捕鱼。碰到水深处，就把筒裙拽起一把，水变深，再拽一把，水再变深，再拽起一把，很是方便。傣族独特的民歌有诵经调、赛色调、吃酒调，歌舞则是融汇了当地彝族、傈僳族的调子。

赤脚走在沙滩上，细纱摩挲着脚踝，是一种惬意，温和地抚慰你的心；浸入江水，是一种清凉，洗去你一路的风尘。水波涌上岸、退下去，江边的小石头水淋淋的，忽隐忽现，色彩格外鲜亮；晚霞的余晖中，傣家女的倩影倒映在水里，波光粼粼。金沙江水给人的滋润是从头到脚、深入骨髓的，人们沿着江岸走了又走，捡拾一个个大大小小千姿百态的彩石。

夜幕降临了，弯弯的上弦月升起来了，仍然坐在江岸大礁石上的人们，可以静心感受轰鸣的江涛声。红红的篝火燃起来了，小伙、姑娘们跳脚来了，白天的喧闹并没有停止，狂欢之夜到了。

❶洗火草
❷洗麻线

1

2

三潭恋歌

远离忙碌，远离尘嚣，远离浮躁，到大姚三潭走走。你会在三潭找到心中那片渴望已久的宁静。

1

人的内心深处需要拥有一片绿色、一片宁静的空间，三潭的山、三潭的水都会折射出她特有的魅力！

遥望群山，一种厚重的绿，让人感受到大山的坚韧。站在阳光下，就连阳光也变成绿色。一层又一层绿色把大山包裹得紧紧的。三潭，群山环绕，那山，那桥，那水，都充满神秘的诱惑。

江底河大桥，雄伟，壮观，你会有一种发自内心的惊叹！

人的心中总会遇到一些高山、大桥吧？就看你是怎样攀爬心中的那一座座高山，跨越那一座座大桥。

无论是攀爬，还是跨越，都是你直面人生的一次次挑战、一次次拼搏！

江底河大桥，真真实实，坦坦荡荡，裸露着巨大的身躯摆在群山之间。恰似凌空腾起的彩虹，飞架南北，从而使你感受到、体验到天堑变通途的伟大魔力！

踏上大桥的脊梁，抚摸桥栏，俯瞰桥底，仿佛坐在腾飞而起的

蛟龙背上，思绪也会随之飞翔……

站立大桥之上，桥的庄严、宏大所体现的不仅仅是人们智慧的结晶，还是人们现代思想的产物。

江底河大桥，代表着大姚人民自强的精神，代表着人们超前的思想，它不但能跨越时空，它还能跨越界限！

它跨越江底河河底，连接着南北两座大山！

它真不愧是“西南第一高桥”！

说到水，自然是来自三潭的瀑布之水。

无论春、夏、秋、冬，三潭之水都在弹奏一曲永恒的恋歌……

瀑布飞溅的水花，有一种前世今生的梦幻。

仿佛是记忆的重叠，将前世今生梳理，岁月绵长，大山守望着水流的时光，不悲不惧，不忧不伤，看着水，看着夕阳，那瀑布，遇见，就是如诗如画的流年，有了隽永的味道。

旅行，可以让心灵驻足在一片宁静的土地，那里可以看到过去，也可以回望如今。虽然不能定格时间，但总会有一种特别的感动，让自己暂时从光阴与世俗中走出，置身于一种纤尘不染的梦境……

站在南永路边的观景台，举目远眺，满眼的绝妙佳景！远观三潭的全景：一潭、二潭、三潭，尽收眼底。如果说江底河

大桥是一位铮铮男子，那么，三潭瀑布便是一位风情万种的女子了。

站在观景台上，放眼望去，三潭在劈开的山缝间，在我们的视线里像一块倒挂的素锦，一动不动，水流小的时候，远远看去，恰似一缕缕撕破的白纱。

若要近观三潭，必须找到入口：一座空中吊桥。

三潭瀑布

晃悠悠地走过吊桥，弯弯曲曲的山路变成了石

子路，山上长满了橄榄树。

不一会，还未见到水，就能听到水声，凉意扑面而来，一种清凉漫过全身。

走在山路上，脚步是轻快的，心情是自由的……

跟着感觉一直往下走，蜿蜒盘旋便到了谷底。

谷底汇聚了千万条小溪，缓缓流淌，倒映着两岸青山，构成一幅真正的“青山绿水”图。

在水落石出之处，怪石嶙峋，千姿百态。

那水很温和，像一位不骄不躁的女子，迈着轻盈的步子，

在绿色的阳光里显得格外的柔和、清雅。

沿着溪水，顺着峡谷往下走，你就会到达第一潭的潭头。

再往下，那便是另一番迷人景象："无限风光在险峰！"

三潭瀑布汇聚千溪之水，从峡谷奔流而下，一跃三叠，顺着悬崖奔流直下，然后跌入万丈深渊……第一叠便是一潭。第二叠便是二潭。第三叠便是三潭。整个地形形成三潭：一静一怒，一平一堑。站在潭头之上，只见水花飞溅、水雾迷漫。二潭比一潭来得急、来得猛。三潭又比二潭来得险、来得烈。

三潭

看着使人觉得既惊险又刺激，扣人心弦，又胆战心惊……这时，你会觉得三潭像一位刚烈的女子，显现出一种“粉身碎骨浑不怕，要留清白在人间”的气概！

三潭气势如此壮观，落差高度如此之大，被称为：“西南第一高瀑。”

三潭一个景点，就拥有了两个第一：西南第一高桥，西南第一高瀑，两者都堪称西南一绝！

2

昔日千呼万唤始得见的三潭，因南永二级公路的修筑，站在路边就能一睹她的芳容。三潭就像一个深锁闺中的少女，终于被揭去丛林掩映的面纱，让人们见识到她的妩媚。在三潭，无处不在的秀美与自然，总像阳光普照万物般默契相依。水与峡谷、山林浑然一体，一颗心被水花的激越奔流牵引着，在飞瀑、悬崖、绝壁佳境天成的三潭面前，人固有的伟大渺小成一个点。柔弱无骨的水在这里爆发出惊天动地的力量，水的精灵在这里展现出梦幻般的飘逸。

我陪同三位慕名前来的成都记者去三潭，又一次踏上去三潭之路。咪依噜风景区的负责人开车载着我们，从南永公路旁岔出的一条山路上，沿着四十多度的陡坡霸气十足地一路驶上了山顶。山顶建有观瀑台，探头一看，会让你的视角受到一种冲击。因为站得很高，峡谷更显得幽深了。谷底挂着一帘瀑布，尤为壮观。一般观瀑总是从下往上看，仰视瀑布飞流直下的气势，而山顶观瀑显示出的又是一种别样的风光。只有深爱三潭，细心呵护三潭一草一木的人，才能精心打造出这样的美景。“好景自然成，一朝偶得之。”三潭显得格外避世，格外空寂灵秀，一种冷峻之中的奔流之美，让你的思绪久久定格在那里。而在以前，还没有开发三潭，没有修通南永二级公路时，想看三潭，得花一个多小时攀越曲曲折折的山路。

离开观瀑台，缓过神来席地而坐，才注意到这满山的橄榄树早已结满了圆圆的果实。望着满山遍野的橄榄枝，让人想到了生命的顽强与执着，它们固执地把绿色弥漫，与群山无限绵延。一枝橄榄枝的摇曳，一片绿荫的蔓延，都定格成美丽的瞬间。

如果你想到潭底观瀑布，就要从大龙潭村旁绕下去。蜻蛉河千百年来哺育着这方山水，也哺育了大龙潭村，锻造出三潭人家的美丽。袅袅的炊烟在村庄上空升起，丛林掩映着村庄，翻犁的土地与风和阳光握手，一群鸟在草堆上跳来跳去，几只牛、马怡然自得地吃草。一切的恬静与美好尽在不言中，村庄散发着浓郁的玉米芳香，每次穿过村子，我都很想去农家烧几个玉米棒子吃。

走到三潭谷底，一阵紧似一阵的轰鸣冲击着你的心脏，三潭瀑布总落差 222.46 米，有“西南第一高瀑”的美誉。一阵阵轰然的声音，在悬崖绝壁中回应，像千禽百兽的合鸣，又似隐约的天籁，构成了大自然中最纯朴、最动听的交响乐。用心聆听水的声音，人世间的凡尘俗事顿时烟消云散。睁大眼睛，我渴望能看到小猴，据说峡谷山岭间有小猴居住。

只要远方鸟儿飞落到这里就不想离去，鹰在天空自由翱翔，它们在这里尽享自然的山水，繁衍生息。当时光静若止水，三潭瀑布日复一日奔流，百草在这里繁茂生长，橄榄枝结出果实；当南永二级公路上车辆来来往往，便捷的交通不仅使大龙潭村告别了人背马驮的生活，而且使三潭瀑布越加焕发出它的美。

一个盛夏，赵家店乡彝族火把节期间，我随同云南作家“走近三潭峡谷、探访金马碧鸡”采风团活动，幸运地观赏到“三潭彩虹”的奇幻景观。

一大早，车队从大姚县城驶往三潭，二十多分钟后，穿过三潭隧道，站在南永公路路边就能看到三潭瀑布。远远地只见二潭、三潭从高高的峡谷间飞流而下，绿树掩映的大龙潭村正对着三潭瀑布坐落在半坡，村民们每天可以边欣赏三潭边干农活。车子从大龙潭大姚县铁锁七棵树村 90 户 360 余人在观音岩电站建设中搬迁到赵家店镇紫丘村，成为三潭人家。呈现出观念更新、产业发展、民族团结、社会和谐的良好局面

村绕过下到谷底，一下车，几位摄影师就选择不同的角度，对着瀑布拍个不停。

返回的路上，上午 10 点半左右，当车行到大龙潭村半坡，我回望三潭，简直被惊呆了。在阳光照射下的三潭，一道七色彩虹叠映在飞瀑上面，与水雾弥漫的瀑布交相辉映，显得分外绮丽，袅袅炊烟的村庄与瀑布、彩虹浑然天成为一道独特的景致。一刻钟以后，当我们从三潭隧道旁爬了一段山坡来到山顶观瀑台，俯视三潭，彩虹依旧还在。这个角度看到的彩虹架在飞瀑落下的深潭前，仿佛是在那里美美地吸水久久不忍离去。在山顶合影、摘橄榄吃，直到我们离开观瀑台，彩虹仍然与瀑布相依相伴。三潭彩虹就这样留在了人们心中。

一位作家说："三潭彩虹是所有人的梦，寻梦的人到三潭，看到彩虹就会找到梦。"

中国核桃之乡——大姚

据说早在“宇宙洪荒、开天辟地、造人造物”时代，大姚史诗《蜻蛉梅葛》中就有种植核桃的记载。据清乾隆二十三年（1758 年）大姚盐丰县志和《中国核桃志》记载，大姚的核桃栽培历史长达 3500 多年。

走进“中国核桃之乡——大姚”，你会情不自禁地被久远的核桃历史、独特的核桃文化所感染、所吸引、所震撼。这是一个名副其实的核桃之乡，一个五彩斑斓的核桃王国。

大姚种植核桃的历史悠久，千年的核桃树矗立着历史先河翻开的画面，那远古赞美核桃的歌声，那姑娘小伙采摘核桃的声浪、庆祝核桃丰收的舞姿，在古老的荧屏上晃动。据说早在“宇宙洪荒、开天辟地、造人造物”时代，大姚创世史诗《梅葛》中就有种植核桃的记载。据乾隆二十三年（1758 年）大姚盐丰县志和《中国核桃志》记载，大姚的核桃栽培历史长达 3500 多年。在大姚县三岔河乡，他的么村委会苗居拉小组张学康拥有树龄 1180 年的最长核桃树龄状元。今天闻名遐迩的大姚核桃优良品种“草果核桃”就是三台乡人张鹏冲（其墓址位于三台村委会过拉地村民小组祭天山），于清康熙初年从当地栽培的核桃品种中经过对比，选育出的优良单株，经过长期的嫁接培植选育出的优良品种。

历史是昨天的根谱，现实是明天的桥梁。如果说一部历史可以记载一个民族的智慧，那么一片土地就可以承载一部生命的精彩。

1 大姚核桃文化广场

2 核桃雕塑

大姚，这个平均海拔 2000 米以上的彝族山乡，冬少严寒，夏无酷暑，雨热同季，干湿分明，拥有丰富的降水、充足的日照、肥沃的土壤、无污染的自然环境，非常适宜核桃的生长。石羊、六苴、新街、昙华、桂花、湾碧、三台、铁锁、三岔河等 12 个乡镇种植的核桃，具有树体生长快、寿命长、产量高、品质稳定的特性。在三台乡三台村委会松子园村民小组李立开家，有一棵核桃树树冠冠幅东西长 43.7 米、南北长 39.3 米，占地面积 2.027 亩的最大树冠核桃树状元。在三台乡三台村委会米地拉么村民小组基普顺华家老屋，有棵高 28 米，年核桃产量为 450 公斤的最高产量核桃树状元。桂花乡桂花村委会自必苴上村小组杨清红家有一棵树干胸围 6.62 米、直径 2.11 米的最大树径核桃树状元。在海拔 1340 米的三岔河乡他的么村委会海乍的小组，生长有一棵年产核桃 150 公斤的最低海拔核桃树状元。在三台乡吾普吾么村委会小组赵明亮家，有一棵生

核桃树

长在海拔 2730 米，年产量 120 公斤的最高海拔核桃树状元。

大姚核桃其果实具有果体均匀、壳薄、易取整仁、出仁率高、仁白、饱满、味清香、易去皮、性温、无毒、健胃、补血、润肺、养神等优异品质及功能。大姚核桃含有优质的脂肪酸、蛋白质、碳水化合物、磷、钙、铁、钾，含有丰富的维生素和少量的硒、锰等矿物质。经常食用，可有效预防和减缓心脏病、癌症 、动脉疾病、糖尿病、高血压、肥胖症和临床忧郁症的发生。核桃仁中的退黑激素、生育酚和抗氧化剂等生物活性物质，可防止细胞老化，健脑、增强记忆力及延缓衰老，是人体理想的肌肤美容剂，对防治头发过早变白和脱落有很大的功效。

“一年之计在于春，一日之计在于晨。”阳春三月，大地被春风紧催着飞跑，漫山遍野的核桃树上长满了嫩嫩的核桃叶，开满了谷穗般的青色核桃花。风雨来时，地上随处可见的是黑谷子般的落花，好似一只只小精灵在地上翻卷滚动。捡起一穗花蕾闻闻，竟有一种刚砸破的青皮核桃衣的清香。这时情不自禁地就把吃惯了鲜核桃的嫩香鲜味、干核桃的油香美味从记忆深处一下子挖出来，巴不得立马吃上鲜核桃。捡拾任春风春雨摇落的核桃花梗带回家，做一

道时蔬，美味极了，让人颇有不尝不知道，一尝忘不掉的美感！

经过风雨洗礼后，坚守在核桃树上的核桃花，内心满含感激，吮吸着阳光的温暖、泥土的营养，亲吻一双双呵护生命的手，渐渐举起绿色的火焰。

春末初夏，一枚枚核桃青果，相簇相拥挂在绿叶间，闪闪发光。醉了彝家姑娘小伙动人的眼眸，唤起了稚嫩孩童的记忆。怀着丰收憧憬的乡亲们，用内心的点点温暖抚慰一枚枚青果，倾听核桃成长的心语。

“白露到，竹竿摇。”“啪啪啪”打核桃的竹竿声唱响一枚枚核桃心中澎湃的音符；乡亲们在幸福的微笑里，感受到一枚枚核桃的欢欣和笑意。核桃熟了，鸟儿叽叽喳喳、蝴蝶翩翩飞舞，它们在诉说着这个激动人心的时刻，沉浸在丰收的喜悦里。金色的爱情，绿色的希望，流蜜的日月，火热的理想，一切都熟透了。乡亲们的心、乡亲们的梦，金黄，金黄……车儿拉着，马儿驮着，筐篓儿背，扁担儿挑，硬把丰收的核桃塞给农家小院。农家小院要撑爆了！把核桃晒到屋顶上，顶着太阳，擦着云霄；把核桃装成袋儿，挂满屋檐，爬到树梢；把核桃堆成堆儿，堆满房前屋后，挤满院角。屋里屋外不能落脚，憋坏了老爹，愁煞了阿妈，只好把核桃酿成蜜、酿成笑，往心里倒，往山外拉……一枚枚核桃，从大姚出发，带着古南丝绸之路和茶马古道的美丽传说，越过山山水水，飞往祖国各地；漂洋过海走向世界……一枚枚核桃的轻声细语，温润着乡亲们的耳鼓。怡人的核桃香，明亮了乡亲们的眼眸，拥有了一分被天下美味滋润的幸福。

熟了的核桃，脱去绿色外衣，在溪水中沐浴欢歌，展现出端庄的颜色和古朴的美。打开核桃壳，取出脑形的核桃仁，袒露的是紫铜色的膜。核桃三层皮，一层一层都蕴含着生长的艰辛和脱俗的气质，诗意饱满了一段又一段璀璨的时光。一瓣瓣

捡核桃

心形核桃壳，又被妙手雕琢，成为一件件巧夺天工的艺术品，让多少双眼睛为美惊叹。飞走的核桃壳艺术品，带着大姚人的祝福，带着民间艺人手上的温度，让乡亲们感受到一份温馨，一份厚重，一种营养心魄的感动。

当历史的车轮驶入崭新的世纪，大姚人的核桃情结与日俱增。种核桃、吃核桃、说核桃、唱核桃、雕核桃已经成为大姚人习以为常的生产生活方式。核桃已经浸润到每一个大姚人的灵魂中，核桃树已经成为大姚人的生命之树。

品牌是打开市场大门的金钥匙，是占领市场的通天路。1979 年在山西省召开的全国核桃优良品种鉴定会上，大姚“三台核桃”被评为全国核桃优良品种，载入《中国果树志·核桃卷》和《经济林栽培学》等书；1983 年在北京“全国出口生产基地专项建设成果展览会”上，大姚核桃被国家对外经济贸易部评为出口优质产品，并授予“大姚薄壳核桃”荣誉证书；2000 年大姚核桃通过欧盟有机食品认证；2001 年大姚县被国家林业局授予“中国核桃之乡”称号。

核桃之乡的美名打响了，如何更充分地挖掘大姚核桃的价值，得到更多人的青睐？聪明的大姚人在舌尖上下起了功夫。2005 年，大姚县举办了首届核桃美食大赛。在大赛上，来自社会各个阶层的烹饪高手、民间巧匠纷纷大展身手，以核桃作为主料，煎、炒、烹、煮、炸十八般武艺样样俱全。经过严格的评审，一道道精美的核桃美食便诞生了，沉鱼落雁、宫灯脊荣核桃、五福临门、桃蜜双珍、彝乡双宝、春蚕吐丝、珠联璧合、核桃穿着卖等三十多道菜荣获大奖。这一道道或富有诗意，或趣味盎然，或极具创新，色、香、味俱全的核桃美食，无不凝结着大姚人无穷的智慧和创造力，吸引着无数食客注视的目

古核桃树

光，令观者惊叹、食者忘言。大姚核桃美食从此在省内外享有盛誉。

2007 年 10 月 9 日，大姚县当选为全国核桃产业发展协作组首届轮值主席，被国家林业局确定为全国 100 个“经济林产业示范县”之一。瞄准国内、国际两个市场，在推进国有企业改革中，利用盘活国有资产等形式，实施招商引资，扶持发展亿利丰农产品有限公司、广益有限公司、鑫达核桃饮品有限公司、兆鹏公司等 5 家具有较强实力和加工能力的核桃加工企业，所生产的“核桃系列炒果”“蜂蜜核桃汁”“速溶核桃粉”“核桃精油”“脱衣核桃仁”“礼品盒装核桃原果”等产品，远销北京、上海、广州、成都及香港等城市，并出口日本、韩国、欧盟等国际市场，产品供不应求。龙头企业的发展，有力地促进了核桃的种植和管理，增加了农民的收入。

大姚发展珍品核桃果，走出了一片艳阳天。

2008 年 9 月 28 日，金秋时节彝山醉，硕果累累迎嘉宾。“首届中国核桃大会”的隆重召开，迎来了全国各地核桃产业的专家学者，迎来了热爱核桃事业、关心核桃产业的有缘人、有情人、有心人。大姚彝族文化风情感染着每一个参会代表，那些身穿银光闪闪、绣花簇簇的彩色民族服装的彝族姑娘、小伙和身后漫山遍野的核桃林组成了一幅和谐美丽的画卷，那响彻山谷的核桃歌谣伴着核桃的清香萦绕耳畔。

在三台乡参观现场，展现在全国核桃产业界人士面前的是高水平的核桃规模化种植基地、茁壮成长的种苗基地、果实累累的丰产示范样板、高水平的集约化经营示范样板、整齐的核桃烘烤房，及具有一定规模和科技水平的核桃加工企业。

参会代表来到现场，彝家人用自己独特的方式欢迎远道而来的宾朋，美丽的彝族姑娘手拿绣有“中国核桃之乡大姚”字样的荷包敬献给每一位宾朋，24 位彝族长号手夹道欢迎，吹响了彝家豪放雄厚的唢呐，捧上彝家拦门酒，响彻山谷的酒歌和香醇的米酒让远道而来的客人陶醉。在茂盛的核桃树下品新果，壳薄、仁白、香甜的核桃让代表们赞不绝口，大姚独创的美食“核桃宴”、彝族最高礼仪的欢迎令嘉宾们流连忘返。

“规模化、标准化、专业化、商品化”的发展思路让嘉宾们所见略同。先进的核桃烘烤、加工技术让嘉宾流连忘返……在茂盛的核

❶ 核桃树下的人家

❷ 核桃博物馆开馆

❸ 核桃加工厂

桃树下，聆听专家学者、企业家、林业工程师们的对话，展现出一幅幅共商核桃种植大计、共谋核桃产业发展、共品核桃美食的生动画面。“千翠万绿画似锦，山中笑语正满林。深山品果客人醉，摘尽核桃一树金。”其空前的盛况和瞩目的影响力，堪称中国核桃产业发展史上的“奥运会”。

在首届中国核桃大会的产品评比会上，大姚核桃原果、大姚核桃仁两个核桃产品，在全国送展评选的133个产品中脱颖而出，获得全国核桃产品10个金奖名额中的2个金奖；大姚核桃炒果、大姚核桃蜂蜜、核桃果汁等3个产品，荣获20个银奖名额中的3个银奖。

2009年“大姚核桃”被国家工商总局商标局批准登记注册为地理标志证明商标。2011年国家林业局授予大姚县“全国经济林建设先进县”荣誉称号；9月，在河北举办的首届中国核桃节产品评选中，大姚核桃荣获金奖。

“核桃树是摇钱树，早种核桃早致富。”大姚县始终把发展核桃作为山区、半山区农民群众脱贫致富的重要产业来抓。通过政策、资金扶持和扩大产业规模，提高产品科技含量，发掘核桃文化，打造大姚核桃品牌。2014年，大姚县核桃种植面积达154万亩，产量2.1万吨，农民出售核桃干果总产值6.78亿元，全县农民人均核桃收入3131元。核桃已经成为大姚农民的摇钱树、绿色银行和养老保险。

大姚，万亩核桃生态园绿树成荫，景色秀丽，展现出村在林中、房在树中、人在景中的人与自然和谐共融的画卷。被核桃树掩映的村庄、院落发展起了以核桃园生态旅游为主的农家休闲度假项目，充分展示了农业生产与自然生态良性循环的魅力。

20世纪70年代，中央新闻电影纪录片厂曾两次到大姚拍摄电影纪录片《核桃之乡——三台》《三台核桃丰收》，并在全国放映；2003年9月，中央电视台又再次到大姚拍摄专题片《走进核桃之乡——大姚》，在中央电视台播放。

2012年9月27日，大姚核桃文化产业园竣工，占地面积1802亩。位于县城南永公路咪依噜大道旁，核桃文化观光区（包括核桃文化广场、核桃游乐园、核桃博物馆）、核桃文化游乐区（包括游乐园、白塔公园、白塔湖）、核桃生态休闲区（包括核桃大户街）、核桃文化饮食区、核桃产品贸易区、核桃食品加工区彩旗猎猎，礼炮轰鸣。核桃文化产业园开园庆典、核桃饮食文化街开街仪式、核桃博物馆开馆仪式、核桃综合交易市场开市仪式、核桃饮食文化街长街宴、核桃产业发展座谈会、书法家画家书画核桃笔会等一系列丰富多彩的活动如火如荼。2015年9月27日至10月7日，孔子文化节·大姚核桃文化节暨首届大姚彝绣文化节“三节”在大姚隆重拉开序幕，人们踏着中秋皎洁月光，远离城市的喧嚣，放缓身心，走进核桃之乡，祭拜先圣孔子，感受彝绣魅力，不亦乐乎。

自此，“核桃之乡、滇中盐都、祭孔圣地、教育名县”的交响乐章奏响了一方热土、温暖了一片土地，飘向远方！

寻觅『大姚八景』

“大姚八景”从古时候流传至今，历尽沧桑变化，作为大姚人而言，或多或少无不知道大姚有“八景”的传说。随着社会的发展变化，大姚八景的地貌也发生了较大的变化，有的景点随着城镇的发展变化已荡然无存，有的景观仍保存完好，彰显着昔日的神奇美丽。

1. 双沟飞瀑

“双沟飞瀑”位于大姚县城北20公里的赵家店镇所在地的南永二级公路旁，处于杨湾河村头、蜻蛉河尾。据《大姚县志》记载：“大龙潭又叫‘双沟瀑布’，在县城东北20公里赵家店乡境内，处蜻蛉河尾。瀑布分三层跌落，每层作飞瀑泻落。一层高11米，二层高111米，三层高82米。”清道光《大姚县志》载：“每瀑凡作几千万仞，堕至九天，临深九第。冬春季节，三潭水如三道白练挂在山涧，如滚珠碎玉落入深潭。深冬，绝壁上水珠霜条，银丝缕缕，如佩戴，似珠帘，琳琅满目，美不胜收。二潭左侧弧形穹隆可容百余人遮风雨，岩前有数十燕子回旋飞翔，呢喃似与游人语。三潭瀑布右侧约30米高的陡岩上有一天然溶洞，洞口依岩向右斜，洞中道路弯曲、错落。主洞宽15米，深7米，高3~5米，洞内钟乳石千姿百态，如雕似绘，有的似‘老衲安禅’‘大鹏展翅’，栩栩如生。三潭东侧水面至绝壁顶部高约300米，瀑布附近峰峦叠翠，怪石林立，悬崖绝壁如刀削斧劈。优美的山光水色，险峻瑰丽的自然景观，使人流连忘返。”

“进入雨季，瀑布气势磅礴，雄浑壮观。远观瀑布，‘犹有飞霰溟濛吹人衣面’，临近瀑布，水花四溅，水声‘如万马奔腾’，使人惊心动魄。这时瀑布一层宽38米，二层宽21米，三层宽47米，蔚为壮观。”诗人佚名所作的两首古诗对“双沟飞瀑”景色的描写：

双沟尝飞泉

一

有山无水亦难游，有水无山境不幽。
万丈石岩落江底，千丈瀑布显双沟。
红花绿树烟常起，白日青天雨不收。
信步初来何忍去，仙钟不老水长流。

二

要到杭州西子湖，先去双沟看飞泉。
遥追司马留楚汉，激下波公是好天。

《大姚县地名志》对“双沟飞瀑”记载称：双沟瀑布在大姚县城金碧镇东北20.5公里的赵家店乡境内，处蜻蛉河尾、杨湾河头，是县“古八景”之一。瀑布分三层跌落，每层作飞瀑流。身临其境，有“银河落九天”之感。据实测（人工绳测），一层宽38.2米、高11.2米，二层宽21.8米、高111.5米，三层宽47.2米、高81.7米。瀑布所处地层，属中生界白垩系赵家店组沉积相地层。岩性为紫红色中一厚层状细粒石英砂岩夹浅黄色泥质粉砂岩及薄层状粉砂质泥岩。瀑布在蜻蛉河下游，流向为240°，河道因长期被激流冲刷，地貌起伏变化较大，河床流水落差1米至短距离内高差80余米，三潭东侧

双沟飞瀑

水面至绝壁顶部高约 300 米。清道光《大姚县志》中写道："全姚之水汇于蜻蛉，而河又汇它水，悉至焉，至则水大而汹洑也。乃多石，当其垠，又复以怒其势，再入，则峻峡申天，若决江河，若纳壶以口出水之气，急而难前。……每瀑凡作几千万仞，堕至九天，临深九第。"这些描述与实相符，客观地反映了瀑流及高程。三潭瀑布地段，石英砂岩为厚层一巨厚层装，具硅化，层理清楚，岩石坚硬致密，抗风化强，耐水冲刷，岩层向流水上游方向倾斜，其"V"字形尖端指向二、三潭瀑布位置，岩层产状倾向 267°，倾角 24°。以上两瀑布下岩层呈叠层状，形成下步岩石参差不齐的多层支撑力，致使瀑布经受住激流长期的冲刷和侵蚀。二潭水塘西侧，三潭水流东侧，岩层被冲刷，形成较大弧度穹隆，期间岩石破碎，有较多的磨圆度好的砂岩砾石，无分选性。说明二、三潭位置瀑布在逐年后退，二潭后退距离约 100 米，三潭约 200 米。后退速度因岩石坚强抵抗而不显著。

双沟瀑布亦称“三潭”或“三潭瀑布”，因瀑布分三层跌落，每层称潭，故名。称“双沟瀑布”，缘由有三：瀑布靠近赵家店村公所的大双沟和小双沟村；三潭东北小石板河箐水由百余米高悬岩泻入杨湾河，形成瀑流，与三潭瀑布合称为“双沟瀑布”；二潭在丰水时分两支流，以80多米高的悬岩倾泻而下，故名。

瀑布气势磅礴、雄伟壮观，充满诗情画意。远眺像数丈水晶绸幔，云母之屏遮挡峡谷，耀眼夺目。“去瀑布数十里，犹有飞霰溟濛吹人衣面。”瀑流翻滚，千米外鸣若盆翻澍降，如万马奔腾、狂飙拂松，似大湘鼻殷、装牛角斗，使人望而悚然生畏，听而惊心动魄。临近瀑布，水花四溅，薄雾蒙蒙，寒气逼人，瞬间令人直打寒战。绝壁上水柱霜条、银丝缕缕，像美丽的缎带，如挂满门帘的珍珠，琳琅满目，美不胜收。观之有“天下奇观”之感叹。

二潭左侧弧形穹隆可容百余人避风雨，绝壁岩顶时有猴群嬉戏。水塘正前方系岩层及浮土形成的天然屏障。三潭弧形穹隆卧岩前，数只岩燕来回飞舞鸣叫，像在迎接客人的到来。细雨般的小水滴从岩缝中不时往下落，给游览者以自然淋浴之感受。瀑布右侧约30米高的陡岩上有一天然溶洞，进洞须涉水，潭深莫测，水冷刺骨。洞口依岩向右斜，洞中道路弯曲，高低错落。溶洞由主洞和次洞组成。主洞宽15米、深7.2米、高3~5米；次洞宽2.4米、深6.2米，洞顶及四壁呈弧形，钟乳石千姿百态，如雕似绘。石幔、石笋像玉树花卉，老衲安禅，大雁展翅，野兔逃窜……似静似动，栩栩如生。次洞约5米处分东西两个岔洞，呈丁字形，西岔洞约20米，尽头可见亮光。东岔洞深不可测，曲背弯腰行数米后，为洞壁石笋、石幔所阻，人无法通行。丁字形交叉处有一石钟由洞顶垂下，石钟高2.2米、直径3.3米，中空，四周向外翻卷呈散盘状，似花蕊倒悬的喇叭花。洞内寒气袭人，泉水叮咚，波纹粼粼，清澈见底，水略带甜味。

瀑布附近植被良好，峰峦叠翠，怪石林立，悬岩绝壁如刀砍斧劈，猿猴难攀。奇丽的瀑流，妙趣横生，使人流连忘返，古往今来吸引了不少游客，可谓旅游之佳地。

的确，双沟飞瀑因山势险峻，神奇和壮观而闻名遐迩，还被称之为“西南第一瀑”。

远方的文友硬要身临其境一探究竟，我便陪同目睹了“双沟飞瀑”的景色。

清晨，我们从大姚县城驱车出发，顺宽敞笔直的南永二级高速公路行进，二十余公里的高速公路，仅用十多分钟时间就已到达三潭飞瀑的赵家店江头彝族村寨了。我们将车停在寨子里，争先恐后地徒步向三潭飞瀑挺进。不知不觉，忽然，山谷里传出了雷鸣般的水声。转过山峰，立刻，闻名遐迩的三潭飞瀑清楚地展现在我们眼前：只见在一个高一百余米的陡峭峡谷中，由于蜻蛉河水的常年作用，把陡峭的山崖冲击成了三台，在每一台上均形成了一个深不可测的跌水洞，这就是“三潭”。潭与潭之间的陡峭悬岩上，飞流直下，这就是闻名遐迩的“三潭飞瀑”。犹如一棵撑天玉柱，高不可攀；似喷琼吐玉，飘飘洒洒；又宛如一条银链由空中降落。其水声，似急雷滚滚，横空坠地。那强悍壮阔的气势，奔放直下的姿态，令游客精神振奋、心旷神怡、流连忘返。

三潭中又以第二潭最为壮观，只见瀑布从三十多米高的峭壁缺口骤然飞下，真像无数条白龙抖动银须，狂奔着，怒吼着，似千军万马呐喊，震耳欲聋，你追我赶，吞云吐雾，扑入墨绿色的潭中，掀起永不停息的狂澜。那气势之壮观、磅礴，真是用语言难以形容。此时，突然看到了大诗人李白描写的“飞流直下三千尺，疑是银河落九天”的真景。

三个瀑布下面的水潭，水都绿得像浓浓的绿酒。越往岸边走，水越清澈，用手一摸，寒冷透骨；但岸边潭中的鹅卵石和来往的红鲤鱼都看得清清楚楚。飞瀑的岩壁上布满了大大小小的石灰岩溶洞，溶洞里的钟乳石生形奇特，如笋如人，如飞禽如走兽，如群山如村庄，构成一幅千姿百态的景象；瀑布两侧的山上，森林茂密，古树葛藤，构成一种奇特的植物群落，林中不时莺鸣燕转，宛如一首首美妙的乐章。这飞珠溅玉般的大自然美景原来如此使人陶醉。

正当游兴正浓时，我突然恨我自己不是位画家，不能把这一幅幅迷人的美景描绘下来；我又恨自己不是一位诗人，不能把这壮丽的大好山河写成诗篇。朋友，你肯定也会像我一样，被它感染，为它陶醉。难道你不信吗？你看，祖国的山河，三潭飞瀑的美景正似一幅徐徐展开而又无尽头的山水画卷。

2. 紫丘致雨

据《大姚县地名志》载："紫丘山古名禺同山，在大姚县城东10公里赵家店乡茅稗田村公所境内。此山林茂云绕，气象变幻倏忽，前人有'紫丘致雨'之说，故名。山体属中生界白垩系，沉积相地层。岩性为紫红色中一厚层状细粒石英砂岩夹浅黄色泥质粉砂岩及薄层状粉砂质泥岩。东西走向。面积约10平方公里。主峰海拔2704.7米。植被有云南松、栎类、针阔叶混交林等。"

清道光年间的《大姚县志》对"紫丘致雨"就有古诗记载：

郁郁丹丘捧太青，田家举首闻阴晴？
愁看烟洗如蓝净，笑指云铺似盖平。
霁后山光吟不尽，雨中树色画难成。
那知一曲空山里，造化偏从此处生。

《大姚县地名志》还记载：多年来，对"金马碧鸡"的由来众说纷纭。《汉书·郊祀志》："或言益州有金马碧鸡之神，可醮祭而至。汉宣帝五凤元年（前57年）遣谏议大夫王褒使持节求之。”《汉书·地理志》：“金马碧鸡在越巂蜻蛉水。”蜻蛉水即蜻蛉河，在今大姚县境内，故金马碧鸡应在大姚县。夏光南先生在《云南史地丛考》中说：“金马碧鸡，唐以前为滇西方山之神。唐中叶后，则因昆明之移于滇西平原，其神亦之俱移。”夏先生还引用李厚安先生（昆明人，光绪癸卯翰林，清末学者）的论述说：“金马碧鸡神也，非山也；一山之神，非二山之神也。更非昆明二山之神也。”清道光《大姚县志》：“方山在城东240公里，四面视之，皆平正方广。入山则林峦奥曲，岩壑幽奇……滇系云汉志：蜻蛉县有金马碧鸡，即此山误矣。”说明金马碧鸡的幻象不在方山，而在禺同山。班固《汉书》卷二十八上《地理志》第八上“越巂郡”条应邵注：“‘蜻蛉’禺三扇有金马碧鸡。禺同山在今大姚县紫丘乡（紫丘乡即今赵家店镇）。”再一次证实金马碧鸡产生于禺同山。东《汉书》云：“县之禺同山有金马碧鸡光景时时出现。”清道光《大姚县志》卷十三（古迹志）：“……至其言金马碧鸡光景时时出现而如淳，注曰：金形似马，碧形似鸡。”可知所谓鸡马皆仿佛相似，并非实有。“《汉书》中对自然景色的描述亦同样证实了这一点。”此山（即紫丘山）岩壑深邃，遇雨初晴，金黄粉红，碧绿深清，各色冲融，衬贴岩壑，笼罩萦回于层峦叠嶂悬崖峭壁之间，似鸡似马，变幻倏忽。

实际上，“紫丘致雨”位于今天的大姚城东20公里的紫丘山，海拔2704米，又名禺同山，群峰耸立，嵯峨插天，森林茂盛，每年夏季，气温升高，雾汇树梢之上，风弄云雾，忽而向东飞驰，忽而往西奔跑，忽而上浮，忽而下落，像亿万斤白棉当空舞。当白棉坠落山腰时，天地浑然一体，逐渐染成灰黑，树林藏入天幕，示雨之将至，几日不散几日雨，云散预示着天将晴。久而久之，便成为大姚城区观测天象变化的依据。文人墨客贯以“紫丘致雨”美称。

3. 妙峰晚翠

“妙峰晚翠”也叫妙峰山。据《大姚县地名志·名胜古迹》记载：妙峰山又名妙峰大尖山。在大姚县城南11公里仓街乡妙峰村公所境内。处北纬25°37′。清道光《大姚县志·地理志》载：“斯山耸然，卓立于众山之表。每当夕照蒸烟，万山皆紫，峰头浓翠欲滴，数十里外，见之如在图画中。”故名。县古八景之一“妙峰晚翠”即指此景。

“妙峰山体由紫红色泥岩，夹钙质泥岩及泥灰岩所组成。东西走向。东至涧水塘，南接小团山，西至妙峰水库，北至罗家山咀。面积约8平方公里。一般海拔2000米，主峰海拔2341米。植被有云南松、栎类杂木、冬瓜树、针阔叶混交林和幼林等。”

妙峰晚翠的峰峦里还建有古刹“德云寺”。据《大姚县地名志》记载：德云寺在妙峰山西南山坳。明天启六年（1626年）宾川鸡足山彻庸和尚一日登山远眺，发现妙峰山巅凝集一团白云，久久不能散。数日连续观察，景致依然。觅思数日，夜不能寐，悟得此山为风水宝地，乃上西天的起点。遂决心率徒沿途募化至妙峰山。实地观察，山高林密，云雾缭绕，彻庸连称妙境，当即定点建寺，经三年辛劳，于崇祯二年（1629年）落成，取名德云寺。

寺宇坐南向北，具有古代建筑风格。寺名金字巨匾“德云寺”为乾隆皇帝御书，字迹雄健挺拔。门头横匾“又一妙境”，楹联“四面俱山绕成空中妙境，双坊对峙锁住天外雄峰”，书写工整刚劲，颇有气势。门内楹联“万壑松声惊客梦，半潭秋水鉴禅机”。主要建筑有大雄宝殿、藏经楼、殿前楼、大悲阁、善财楼、钟古楼、造佛场、聚钵处、厨库、仓房等。清康熙四十六年（1707年）焚于火，后经乾隆、嘉庆、光绪历代修缮扩建，形成庄严、大方、布局匀称的建筑群。寺

内院落数个，房舍218间，占地面积25亩。奇花芬芳，亭、坊、池、阁交错，梁、柱、檐、楹、碑刻相互映衬，绘画、雕塑细腻美观，技艺构思精巧。寺外古木参天，寺后一泉水，甘洌可口，穿寺而过。环境优雅，秀丽静谧，历来为佛教活动和游览胜地。自建寺三百余年，香火不衰，鼎盛时期寺僧达两百余众。抗日战争时期，邑人李一平先生曾在此收藏整理佛经千余卷。明末地理学家徐弘祖在“宿妙峰山”一诗中写道：“路织千山积翠连，穹边欲尽到天边。风留古德云还在，界辟诸天月正悬。狮窟吼风随法鼓，龙泉喷玉获金莲。我来万里瞻慈筏，一榻三声岂偶然。”

1955年，国家拨款5000元修理寺宇；1986年11月5日县人民政府将德云寺列为县级重点文物保护单位；1989年交县文物管理所管理，州文化部门拨款、昆明圆通寺玄亮尼姑筹款资助修理佛台、佛像、房屋，移花接木，寺宇焕然一新。1990年时逢传统朝寺会，游客达万余人。现已成为大姚县重要的游览胜地之一。

妙峰晚翠

4. 赤浦渔舟

“赤浦渔舟”位于大姚县城南的金碧镇仓街村委会的南永二级公路旁。据《大姚县地名志》记载：仓街位于大姚县南部。原称“赤浦镇”，以附近有“赤浦海”（也称仓街海子）得名。县古八景之一“赤浦渔舟”即产生于此。

“赤浦渔舟”是由昔日仓街赤浦海的优美自然景象而得名。坐落仓街坝之西，在仓街与姜沙湾之间，东西连通古驿道，南接群山之脚，北面连接阡陌陇亩，地势低凹，居于小河下游，易于蓄水，成为一片海洋而成赤浦海。

赤浦海面积千余亩，西南地势偏低，东北居高，马料山至海源寺一段以公路为海堤，海堤以仓街韩湾至姜沙湾之间大片土地均属蓄水海域。入春海水下落，海面缩小，环海良田露出水面，农民进行耕种，一片春耕繁忙景象。盛夏，山色掩映，波光莹莹，优美如画。每年一进农历九月赤浦开始积水，至冬季，海水茫茫，碧波荡漾，浪花飞溅，赤浦海面野鸭成群，山水相映，清雅秀美，四季景色优美，宛如天然图画。

清副使范君山有七律诗，生动地描写了赤浦的风光：“一叶瓜皮水面浮，往来赤浦任游浮。兰桡偶拔霜天晓，丝绸频投月夜秋。掉入回塘惊宿鹭，撑归古渡起眠鸥。译梁况复官无禁，鼓楫长歌未肯休。”

新中国成立后，在建设社会主义时期，大

姚县委、县人民政府在上游修建了妙峰水库，为了扩大耕地面积，给农民创造粮食增产条件，根据仓街地区的水利灌溉情况，依靠妙峰水库解决灌溉问题，赤浦海已不必要蓄水。因此发动群众开挖了海源大沟，由此，赤浦渔舟现已变为良田。

5. 塔映瑶池

“塔映瑶池”位于县城白塔山下，方家坝村前，一直连接到马家海心。在古代是方家坝方姓蓄水的方家海子，俗称“方家坝塘”，也称“瑶池”。

据《大姚县志》记载：清代翰林院刘荣黼在《大姚山水歌》写有七言律诗：

城外城中山合匣，云影山光相吐纳。
奇艳云烟飘渺间，飞出一只馨棰塔。
塔影凌空倒入城，城中缕缕暮烟生。

“塔影凌空倒入城”就是翰林刘荣黼对“塔映瑶池”的描写和真实写照。

瑶池由于地势低洼，加之长年雨水的作用，使得瑶池池面碧波一片，早晨清澈如镜，站在池的东北角堤边，遇风平浪静时，南岸的村舍，屋旁的鲜花，竹林、岸边垂柳等都倒影于池中。在池中心呈现出距池约一公里的白塔倒影，从白塔山的“一天门”起至塔周的翠湖，天上飘动的团团白云，塔后的重山和松林，以及空中的飞鸟等都历历在目。从池边至九霄连成一片，有如蓬莱仙境一般，故得名瑶池，因白塔倒影在池中，故名“塔映瑶池”。

人们经过瑶池堤边，抬头见塔、低头见影的景象是经常可见的。有些时候在池中会出现多个塔影重叠，在不同方位上，抬头看

塔映瑶池

不见塔而低头可见塔影的景象。据说："日子好的时候，才出现这种景象。运气好的人，才能见到这种景象。"

瑶池面积约 60 亩，有内外池之分，内池位于中央较深处，面积约 5 亩，长方形，有内堤围绕，外池由一片秧田组成。在社会主义建设时期，县人民政府修通了从大麦冲村到李湾村的河堤，上游兴建了永丰水库，取代了下游的小蓄水池，瑶池变成了粮田，池内积水减少，塔映瑶池景观虽在，但已不如当年。随着改革开放和现代化建设，县城逐渐日新月异，昔日的瑶池原址已幢幢高楼林立，现代化的大街和宽敞的马路交相辉映。塔映瑶池已被欣欣向荣的现代化城镇而取代。

6. 画桥烟柳

据《大姚县志》记载：清代翰林院刘荣黼在《大姚山水歌》中写有七言律诗：

灯火万家红树里，米颠未必画能成。
人家都在画中住，画中还有人来路。
红栏白石春溪桥，围绕绿杨千万树。
塔顶巍然见紫丘，紫丘顶上白云浮。
云气上天飘作雨，直把山城比太湖。

此诗就是对"画桥烟柳"的描写。

《大姚文史资料·民族文化专辑》第四辑中丁绍尧老师对"画桥烟柳"也做了描述：大姚城南行五百余米，西河与川滇古道交汇之处，河宽数米。上架二孔石拱桥一座，桥南头建牌坊式亭阁一幢，矗立岸柳之中，高七八米，中道供驮马、行人通过，两侧置长条凳，给来往行人及游客歇息，画梁雕栋，技艺精湛，为全县路亭之冠，檐下高悬“画桥烟柳”横匾。是来大姚的游旅客散步、赏景、纳凉的好去处。依亭眺望，千山万壑之水自西北缓缓而来，碧绿清澈，岸柳成行，蜿蜒数里，似青龙遨游沧海。唐塔巍然屹立宝筏山之巅，与九天星斗试比高。左边观音寺内，佛香缭绕，古柏参天。南面轿顶山上，魁星执笔正点斗，文笔塔奋臂指蓝天。清明时节，金碧坝子四周村落座座、炊烟缕缕，坝中豆麦一片葱绿，沿河岸柳如烟，行人栖息于桥亭之上，儿童嬉戏于柳荫之下，鱼游碧水之中，渔夫垂钓于河堤或撒网于深潭，天人共成绝妙画卷，好一派清幽宁静的农村景象。20 世纪 30 年代，抗日烽火骤起，民贫国困，魁阁倒塌，桥亭失修，匪患兵灾连年，滥伐树木，再加洪水为患，岸柳遭劫，画桥烟柳之景，已逐渐消失。仅留下似乎是传说的美好印象。

7. 萧寺晚钟

“萧寺晚钟”是大姚古八景之一。“萧寺晚钟”位于大姚县城南的金碧镇范湾村委会萧家寺村，距县城南 7 公里。

据《大姚县地名志》记载：“萧家寺位于办事处驻地范湾南 1.3 公里。以村后萧家寺得名。”

《大姚文史资料·民族文化专辑》第四辑对“萧寺晚钟”做了记述：

萧寺晚钟

斜日西沉敛幕峰，蒲牢何处吼声重。
欲醒尘网迷途梦，故扣禅关上界钟。
清兴风铃齐应答，静随玉磬斗玲珑。
居然是到寒山寺，夜半声声入短蓬。

出大姚城，南行7公里，即到范湾萧家寺村，原有一寺，古柏葱郁，寺悬一钟，铸工精美，钟声可传数里，尤其是晚上撞击，山谷回声连绵不绝，因而形成一景。相传，此钟为神匠所造，具有灵性，善于变化，后因香火供奉不恭，寺僧不古，世态烦乱，此钟便自迁东下，移居大姚城东锁水塔下深潭中，后又迁往双沟瀑布深潭。从此，就再也听不到“萧寺晚钟”的声音了。

8. 坝桥新涨

“坝桥新涨”是大姚古八景之一。坝桥位于县城东的鲤鱼山下，鲤鱼山上建有九级锁水塔，塔周围便是一马平川的千顷良田。蜻蛉河、小南河从塔的东、西两边流过。古时候人们在蜻蛉河中建坝，引水灌溉农耕，便形成了“坝桥新涨”的美景。

据《大姚县地名志·名胜古迹》记载称：“锁水塔古迹，位于金碧镇李湾村对面小山上。以锁水防妖之意得名。建于明代。六方形，塔高10米，用砖石砌成。”

《大姚文史资料·民族文化专辑》第四辑“坝桥新涨”做了记载：

春雨绵绵四野匀，溪桥绿涨已平津。
正是放艇垂轮日，更便携锄叱犊人。
潋滟波光开镜面，滢洄细褶蹙靴皴。
扶筇回首东皋生，绣陌秧针一色新。

此诗题“坝桥新涨”，描述的是大姚古八景之一的坝桥周围春夏时节的景物。

坝桥位于大姚城东约莫三公里处的鲤鱼山下，鲤鱼山上矗立着九级锁水宝塔，塔西的李湾坝子一马平川、良田千顷，鲤鱼山的玉地垭口是东通龙街、元谋的咽喉要道。不知何朝何代，人们为了便利李湾坝子的灌溉，在鲤鱼山西面人工开挖了一条小河，河头南接小南河，河尾北注蜻蛉河。在河的中部打坝提水灌溉李湾坝子农田，坝上修有石桥一座，取名坝桥。每当栽秧时节，大坝蓄水，在上游形成一个长长的波光潋滟的湖泊，两岸杨柳依依，周围坝子一片新绿，飞鸟鸣啾，空气清新，光着屁股的孩子们在湖里游泳嬉戏，牧童把水牛赶进湖里，坐在牛背上横笛放歌，更有一番情趣。下午时分，是坝桥最热闹的时候，城里和附近村里的人都爱到坝桥走走，欣赏坝桥美景。一对对恋人徜徉在河堤的柳荫下，细语倾吐爱恋，一些学子也携书到此，或爬上树丫或坐树下，用功诵读。坝下河中和田缺排水处，渔人或展网兜或设鱼笛，捕捉泥鳅、小鱼，长者则施竿垂钓，各得其所。正是："杨柳依依小河边，游人如织踏青来。牧童牛背横笛唱，坝桥绿水润桑田。"随着时间的推移，鲤鱼山上绿树逐渐成荫，坝桥上的小路已拓宽为公路，原来的石砌坝桥也换成了钢筋水泥桥。李湾坝子三面光的水泥沟渠纵横，能排能灌，游人欣赏到的又是现代的另一番美景。

现在，为了提高城市品位，打造宜居旅游县城，投入大量资金在鲤鱼山锁水塔下建设东湖，供游客休闲游览。昔日的"坝桥新涨"景观将重现于世。

彝山馈赠

大姚地形、地貌复杂，形成了亚热带高原季风的立体气候，生物资源丰富。在这块肥沃的土地上，气候宜人，花卉名目繁多，物产丰富，出产有著名的百草岭蜂蜜、大姚小把粉丝，还有古镇美食、石羊筒子锅煎盐等。

1. 百草岭蜂蜜

走进金碧工业园区的百草岭蜂业公司，只见蜂蜜产品琳琅满目，有大姚硬蜜、中蜂蜂蜜、野坝子蜂蜜、白刺花蜂蜜、蜂王浆等系列产品，到处洋溢着朝气蓬勃的景象。公司陈总介绍道，百草岭帽台山是楚雄彝州最高峰，百草、百花也就有了很深的文化渊源，这也是我个人执着追寻的"上善百草"。

大姚是一个天然的大花园，群众素有养蜂的传统，蜂农记载了大姚悠久的养蜂历史。有文字记载，2400 多年前，彝族先民就开始用圆木桶饲养蜜蜂。大姚植物丰富，具有得天独厚的养蜂条件，特别是山地辽阔、气候适宜，大量成片的珍贵植物、为蜜蜂采集花蜜酿造野坝子蜂蜜提供了良好的条件，因此大姚不但能生产出大量的蜂蜜，而且能生产出品味醇正的上等野坝子蜂蜜。

大姚地形、地貌复杂，形成了亚热带高原季风的立体气候，生物资源丰富，在这块肥沃的土地上，气候宜人，花卉名目繁多，很适应小中蜂的生长，有大量土生土长的小中蜂世代繁衍。这种小中

蜂采集花蜜能力最强，繁殖得也快，在百花盛开之季产蜜量很高。远古先民在日常生活中渐渐发现，小中蜂所酿造的蜜，味纯清香，还有止咳润肺之功效。但小中蜂生活在山林树洞、土洞或悬崖峭壁上，有时还会迁徙，待到冬春可食蜂蜜季节时，很难及时寻找到蜜蜂生长的地方。为了能最大限度地取蜜，远古先民干脆想办法把野生的小中蜂捕捉回来在房前屋后饲养。

“一年之计在于春。”春天是产蜜最多的季节，春暖花开，气候宜人，蜜蜂采集花蜜不受天气影响，可以早出晚归，冬天，蜜蜂的采集能力就大受影响，主要是因为气候寒冷，蜜源少，蜜蜂出勤时间也受影响。不过，大姚无论是山区、半山区，还是坝区，在海拔 1600~2300 米的山坡上大范围分布着冬季上好的野坝子蜜源植物，在 2000 米以上的冷凉山区则有冬季盛开的山茶。这些蜜源植物，为酿造上好的冬蜜创造了自然条件。冬天花期最长的蜜源植物要数野坝子了，一般在 80

1 采得百花酿蜜香

2 古老的养蜂场

天左右，花蜜流量大，且味道清香，性辛凉，最讨蜜蜂喜爱，且这种花的花朵小，只有土生土长的小中蜂才能为其授粉，小中蜂采集野坝子花蜜可能是一种默契。所以冬天在蜜源枯竭的情况下，大姚还能盛产上等的野坝子蜜。

自古以来，蜂蜜就是人们喜爱的食品，野坝子蜂蜜更是受人们青睐的一种具有药物价值的纯天然食品。大姚先民大多居住在高寒山区，对野坝子蜂蜜的食法更是有独特的一套，最普遍也是最有代表性的食法就是苦荞粑粑蘸蜂蜜，不但吃起来有滋有味，还有

❶ 现代化养蜂场

❷ “映塔”牌精品礼盒粉丝

清热解毒、润肺的功效，甚至有古老先民希望所过的日子能像蘸了蜂蜜的苦荞粑粑一样甜蜜。非常传统的食法要数冬至节的糍粑蘸蜂蜜，蜂蜜原本就是一种天然药物，这种食法更是人们对吉祥、健康的一种向往。除此之外，因野坝子蜂蜜所处的地理位置和气候环境，还有很多传统的食法及功效，如香椽泡蜂蜜吃了可止咳润肺，是一服地道的良药；核桃蘸蜂蜜不但能润肺，还有美容养颜及补脑的功效；开水冲蜂蜜喝能清肠减肥。这些食法都是女性保健、美容的首选。

2. 大姚小把粉丝

大姚县有悠久的粉丝加工历史，清朝末年，就有了手工作坊的粉丝加工生产。粉丝是人们日常生活中的家常菜，可油炸、蒸煮、素炒、凉拌食用，是富含多种营养成分的低脂、低热保健食品，深受人们的喜爱。粉丝食用方便，且吃法多样，但大姚气候垂直变化明显，四季分明，所以最受人们青睐的还是夏天的酸辣凉拌粉丝和冬天的火锅煮粉丝。这两种吃法是具

有地方风味传统的吃法，也符合现代人的饮食标准。无论是酸辣凉拌粉丝还是火锅煮粉丝，都要对粉丝有所选择，否则就口感不鲜，或是不柔软，也有的容易煮烂。但纯蚕豆生产的大姚粉丝就不会有这些问题，凉拌也好，煮火锅也好，筋骨都非常好，还柔软，不易断。这种粉丝即使过夜也不会成糊状，依然能保持原样，吃起来还有一股淡淡的豆香味。据做粉丝的人介绍，如果是豌豆粉丝，不但具有蚕豆粉丝的这些优点，而且呈淡黄色，香味更浓，那才叫人真正领会到秀色可餐的确切含义。

目前，因自然环境优势和社会环境优势，粉丝产品出现“百花齐放、百家争鸣”的趋势，不但有众多分散的粉丝生产加工作坊，还有好几家形成规模的粉丝生产企业。当然，除了生产规模呈现繁荣景象外，粉丝的品种、包装也是花样翻新、种类齐全。较之大姚“金碧”小把粉丝，大姚利英特色食品有限公司可以算是后起之秀，在短短的两年半时间里，由一个赤手空拳开拓市场的企业发展成为有一定市场影响力的企业，在这期间不但打开市场、树立自身品牌、引起“名牌”效应外，还研发出两种新鲜产品，即马铃薯粉丝颗粒和以胡萝卜为主要原料的胡萝卜粉丝。马铃薯粉丝颗粒是2004年9月研发出来的，也就在同年9月5日与日本金盛科技公司签订了每年不低于300吨的供货协议。这种粉丝颗粒专门出口日本，在打开国外市场的同时，也充分拉动了大姚县的农业经济。胡

❶ 生产车间

❷ 紫薯粉丝

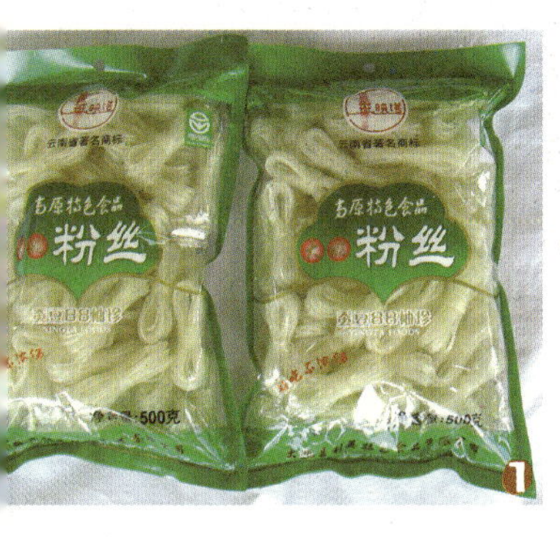

萝卜粉丝是2005年5月研发出来的，首次亮相楚雄“火把街”就备受消费者好评，吸引了大批客商。“农博会”上再次隆重推出的胡萝卜粉丝，已充分得到消费者和客商的肯定。利英食品有限公司不断丰富和完善食品生产管理经验，坚持“质量至上，诚信为本”的经营理念，产品选用优质蚕豆为原料，本着对消费者的健康高度负责的态度，大量生产销售“映塔”牌系列粉丝。2004年中华全国总工会授予利英特色食品有限公司“下岗职工自主创业或集体创业示范点”荣誉。同年企业法人代表杨丽英女士被评为“全国再就业优秀个人”，并出席全国再就业工作表彰大会。在企业发展蒸蒸日上的同时，企业法人为提高自身素质，通过资格考试取得中国职业经理人资格证书，企业所生产的“映塔”牌系列粉丝于2004年荣获中国国际专利与名牌博览会金奖，此奖为大姚粉丝行业第一个国家级金奖。

3. 古镇美食

逛过石羊古街，我们可以体会到很多很多别处无法感受到的东西。看一看古朴中透着新时代气息的色香味形，它们使古镇充盈，极简单的生活在平淡中得以升华。这些祖传的特产，装点着小镇人的生活，用吊足八方游客胃口的美味去扮靓着古镇的形象，充实着古镇人的日常生活。沿着石羊古镇香水河畔，跟着熙熙攘攘的人流走在青石板铺就的古街上，一路走去二三里，眼里所见，都是特色小吃摊。远远地，就有种种美食的清香扑鼻而来、沁人心脾。一路走来二三里，勉不了频频驻足，真是吃的惬意、看的眼馋。

瞧：赵家汤圆、王家元宵、李家汤圆……家家汤圆生意火爆，个个汤圆店铺摊点被顾客围得水泄不通，满街回荡着“卖

❶ 500g 88型粉丝

❷ “映塔”牌普通礼盒粉丝

汤圆……卖汤圆……”的叫卖声。除了这些元宵节的主打小吃，石羊古镇还有黄粉汤（稀豆粉）、椒盐饼、菜盒子、苏梅糕、豆面团、豆齐糕、蒸糕、发面包子、开花包子、饺子、荞凉粉、油炸果、索子糖、结珠粑、金钱酥、白糖饺子、香椿果、小油层、白糖饼、洗沙饼、沙糕、橡皮糕、鸡丝米线、米粉、米虾、木瓜粉、凉黄粉、煎黄粉、糖膏药、眉毛酥……石羊古镇的美食实在是太多太多了，掰着手指数吧，手指肯定不够。

由于石羊市场繁荣、人烟稠密，易于谋生，西康、会理、永昌

（今保山）、大理等地的名厨师纷纷到石羊发展，他们手艺精湛、用料讲究，精心制作的食品很快赢得顾客的欢心，生意十分兴隆。他们便定居石羊，收徒传艺。于是又有许多名吃出现在石羊古镇，如油炸果、香椿果、结珠粑、金钱酥、芙蓉糕、煎黄粉、盐焖鸡、索子糖、锅贴、抓饼、烧卖、破苏包子等等，名噪一时。

这些风味美食，许多品种，人们只听其名，根本不可能知道它的真实模样。春椿果，听上去是一种独特的水果，其实它是一种面食。开花包子，听其名像是一种做工考究的包子，其实它是饺子。石羊美食，有些人家长期经营某一个品种，渐渐形成了传统，打造成了自己的品牌。

人们离开石羊古镇时，手里也不忘带上石羊古镇一年四季都在卖的土汤圆——“小土饼和菜盒子”。

你买小土饼，他买菜盒子，在现场吃个够的，打包带走的，比比皆是。经营石羊传统风味小食品的店家很精明，把制作小土饼的工艺和流程展示在购买者面前。东边那家在和面，西边那家在烤饼，烤制成的小土饼用小食品袋装，每袋10个，一袋6元。在当地吃者，不用包装，买零散的就行，买10个以内的，简易包装，买一袋拎走就好。要带到外地，抑或准备作为礼品赠送亲友，或为了美观者，就会用绘制有“石羊古镇，千年盐都”的精美礼品盒装上。印制精美的礼盒上，有着诱人的清晰的小土饼照片，那照片上的小土饼是黄褐色的，亮亮的，看了就想吃。看着精美的包装盒，再看制作精细的小土饼，往往会让观者产生垂涎欲滴的感觉。精致的制作，圆形的小饼如乡间偶然能看到的古时读书郎不离身的小型精制铜墨盒，直径6厘米左右，厚不到1厘米，大小均匀，表面有统一的花纹和图案。现卖一个，咬一口到嘴里，酥酥的，脆脆的，沙沙的。细细咀嚼，甜中带咸，满口生香。

石羊小土饼

1

小土饼有用麦面粉、荞面粉和米面粉做的，有豆沙馅、玫瑰馅、枣泥馅、花生馅，依然以土碱作为发面的基本发酵料，没有任何的添加剂；馅里少不了的，依然是白井盐；所以石羊古镇的小土饼与人们常见的高档“中秋月饼”不同，给品尝者甜中带香、香中有甜的纯天然“土”味。

社会在进步，环境在变迁，人们的饮食习惯在改变，但是石羊饮食文化的风采一点也没有衰退。石羊美食，依然是古镇一绝，谁要是在不经意中错过了，那将是一种久久驻留于心的遗憾。

4. 大姚石羊筒子锅煎盐技艺

两千多年前，在悠远古老的石羊龙女牧羊的地方，吼着劳动号

子的盐工，见证了千年盐都——石羊。从西汉古盐井取卤制盐至今56口古盐井的沧桑巨变，见证了“百年晒盐篷”的历史变迁。石羊镇位于云南省楚雄彝族自治州西北部，距县城大姚35公里，东邻昙华、新街乡，南连金碧，与姚安左门乡接壤，西靠三岔河乡，北接三台乡，是大姚县城通往三岔河、三台、铁锁三个乡的必经之道，也是通往祥云、宾川、大理的咽喉要道，全镇总面积407平方公里。

石羊，古时称白盐井，系蒙氏时有羝（公羊）舔土，掘井取卤得石似羊而定名。追溯历史渊源，始于汉，属越巂郡。唐初置泸南县，后更名为盐泉县，属姚州都督府统辖，天宝以后，设于南诏管辖。元初设提举司，属姚州辖。明属姚州军民府。清初属楚雄府姚州，清康熙四十五年（1706年）改名为直隶提举司，仍属姚州统辖，合并于大姚县，现为县辖建制镇。石羊自西汉凿井采盐以来，就是云南井盐的盛产地，明末清初达鼎盛时期，由于制盐业的兴盛，使石羊商贾云集、众生向往、经济发达、文化繁荣。历代王朝官吏“直隶提举司”的轮换，给石羊带来了多元文化的冲击，各种文化相互交融，孕

❶ 盐工运送卤水

❷ 制盐工具：筒子锅

煎制食盐

育了石羊以儒学文化为主，盐文化、宗教文化、饮食文化相互共融的特色历史文化，享有“文献名邦”的盛誉，石羊历史源远流长，文化底蕴深厚，明清时石羊就有灵源、张公、绿萝、龙泉、龙吟五大书院。石羊人杰地灵，历代名儒、名宦、名将、名家等“人才辈出”。

据《华阳国志》《汉书·地理志》《云南通志》载，汉武帝元封元年（前 110 年），越嶲郡蜻蛉（大姚县）县，设盐官，管理盐政，盐的制取唯民自便。白盐井开始生产盐。蜀汉建兴三年（22 年），诸葛亮南征，五月渡泸入蜻蛉，征盐储军备，两晋南北朝时期盐业有所发展，采盐、制盐规模扩大，沿南方丝绸之路转贩蜻蛉盐，南中共仰之。唐天宝年间（742 年）白盐井始属姚川都督府统辖，凿井制盐盛兴，煮盐灶户增多，便于管理盐政，设置盐官。白盐井划分为五井区，即观音井、小石井、旧井、界井、灰尾井。元

代白盐井煎盐较发达。元至元三年（1266 年）五月，置白盐井榷税官管理盐政。元至六十一年（1274 年），白盐井始设提举司。明朝洪武十五年（1382 年）置白盐井盐课提举司，下辖白盐井巡检司，经营煎盐灶户达 120 多户，年产盐 33 万斤。清初白盐井属姚安府姚州，后隶属云南盐政巡抚，仍置盐课提举司管理盐政。清康熙四十五年（1706 年）白盐井盐课提举司为云南盐政巡抚直隶。清宣统年间年产盐 969 万斤，白井盐行销 23 个府、厅、县。民国元年（1912 年）始设盐丰县，井场隶属省实业公司。白盐井场务公署，设场长，4 月云南盐运使公署成立。白盐井督销总局改为白盐井区场务总局。"五井"区督煎督销局改为场务分局。民国四年（1915 年）白井盐场务处设缉私队，井场设保井队。国民五年（1916 年）白盐井场务公署改设场知事。井场设委员。民国十五年（1926 年）8 月云南省府行随盐征收金融借款，每 100 斤盐预借 4.5 元，翌年减为 2.5 元。民国二十八年（1939 年），省政府决定白井盐井区改为迤西区盐场公署。民国三十一年（1942 年）1 月，云南省实行盐专卖制度。盐丰、大姚两县成立食盐公卖店。1950 年 1 月 5 日盐丰县全境解放，白盐井盐场仍称盐场公署。1952 年，实行私营灶户改造，组织白井盐业生产合作社，白盐井公私合营。1955 年 7 月，石羊白井盐场改为盐厂，由省盐务管理局领导。1966 年"文化大革命"开始后石羊盐厂时关时停，生产运行不正常。1969 年恢复正规生产。1970 年石羊盐厂改名为大姚石羊盐厂，1971 年盐厂实行盐灶改造，由小灶煎盐改为大灶煎盐，改筒子锅煎盐为平板锅煎盐。1982 年进行技术改造，引进 3000 吨真空制盐设备一套。1989 年 2 月又引进年产 3000 吨真空盐设备，1997 年 10 月石羊盐厂改制为股份合作制企业，同年成立大姚盐业有限责任公司。1998 年公司生产食盐 3666.76 吨，工业总产值 78.1 万元，销售收入 208.9 万元，实现利润 11.2 万元。庆丰井、晒盐篷、储卤池至今仍在利用和发挥其应有的作用。

石羊镇，从西汉发现第一口盐井至今两千多年，据《云南通志》载：汉武帝元丰元年（前 110 年）越嶲郡蜻蛉县设盐官，管理盐政。盐的制取唯民自便。《续白盐井志》载："唐先民首界井汲卤制盐。"《华阳国志》载：唐天宝年间，白盐井就有五井区（观音井、小石井、旧井、界井、灰尾井）。元代白盐井煎盐较为发达，制盐规模甚大，取卤制盐二百余户。元至元三年（1266 年）五月，置白盐井榷税官，监收税赋。明代取卤煎盐极盛，到清康熙年间有盐井 72 口，清宣统年间产盐 969 万斤，白井盐行销 23 个府、厅、县。庆丰井是五井区界井区其中之一，开凿于汉，沿用至今保存完好，形制、规模保持原貌，由井道、淡水井、卤水井组成，全长 16.8 米、宽 3.5 米、高 4.2 米，用青灰色素面砖筑成，井坐北朝南，井道东西两壁用砖支砌，后逐渐起券。顶为拱形、方口竖井，深 33 米。自汉开采沿用至新中国成立，到 1989 年发展为真空制盐，年产 3000 吨盐。制盐乃采用传统手法，利用晒盐篷、储卤池形成一套汲卤、制盐的完整工艺和制盐生产线。盐井开发早，历史价值很高，采用传统手工提升卤水浓度到真空制盐，汲卤制盐工艺流程，有很强的科学性，具有很高的科学价值。白井盐的开采和制盐业的发展促进了各民族社会经济的发展。盐的传输是边疆地区各民族文化、经济交流的重要载体，起到经济、社会各项事业发展的核心作用。

关于食盐的发现在石羊曾留下了动人的传说故事，尤其是"石羊"的地名，据说因开凿盐井时获石羊而得名。明代刘文征撰写《滇志·杂志·灵异》载："羝羊石，蒙氏时，有牧人于今白井提举司东一里许，见有一羝羊舔土，驱之不去。掘地，遂得卤泉，名曰白羊井。"故事叙述了南诏时期白蛮的牧羊女发现盐泉，后来随着元明时期汉族的大量进入，白盐井地区汉族人口渐渐超过少数民族，牧羊女来历与身份逐渐演变为洞庭湖龙女。洞庭龙女发现石羊盐井的过程，也就是汉族进入石羊并与当地彝族融合的过程。正因

为如此，这个民间传说不仅与“石羊”名称由来相关联，也与现今石羊民俗活动“开井节”的缘起相关联。

石羊的食盐生产主要经历了筒子锅煎盐、平板锅制盐、真空制盐三个阶段，其中制盐历史最久、制盐技艺最精湛的便是以筒子锅煎盐为代表的传统盐井制盐。自 1971 年后，盐厂将钢板焊接成平板锅煮盐，才彻底了结束了连续几百年筒子锅煎盐的历史。但是，以筒子锅煎盐为代表的传统制盐技艺，却为石羊昔日的文明和繁荣发挥了重要的作用。时至今日，传统制盐技艺作为石羊文化符号，已成为石羊经济发展的重要文化资源。

筒盐

大姚赋

彝州大姚，滇中名邑；星分井鬼，山水相依。其古摄于哀牢之国，唐虞谓昧谷之交；先秦经梁雍而称楚，秦汉归益州以置县。有唐以下则辖于姚州都府，乃蒙氏之所属，而郑段之所继焉。后元以降，则辖于姚安军民总管，是始以大姚名县也。

夫大姚者，群山缈杳，金沙蜿蜒；东蟠书案，西耸文峰，南起凤凰，北峙龙马。所谓青山万仞，坤舆之气雄厚；碧水千巡，生民之心澄莹也。回首旧时家山，则升庵有诗曰：天气浑如三月里，花枝不断四时春；而极观目下乡梓，则鄙有粗言道：京师纵去九千里，乡梓同迎一色天。丁酉岁初，乡长嘱为诗赋，既为邑人，喜见新天，能不起而歌之？

嗟我大姚，人文济济；梵塔屹立，坛庙凌虚。土知邑宰，筑六房之书舍；新署旧屯，续九畹之棂星；相符城跡，隐汉唐之气象；金马碧鸡，叙滇洱之名邦。昔赛典赤久请设帐，康熙爷方有定制；庠序之规则昭昭，礼乐之器数历历。上子有心，崇文德以充其智；弦歌未息，尚行蹈而践其实。一乡操节，拜题达而典祀；千载文风，引鱼跃而鸢飞。沧桑之变，世道凄然，虽八景之目痕早毁，而文献之眷传犹存焉。

嗟我大姚，民俗绚艳；乡风淳谨，人气熙恬。其早有刀耕，稻有锄田；天物丰登，农工勤勉。嗟夫曾几何时，亦尝烟罗森列；蒿莱满目，地瘠民贫。是地先民，审草木以定四时，问鬼神而断死生；频战殁而无畏，屡讼负而不屈。虽然，而胸次能自渐开朗，手眼能自渐高张；守边山而气犹通乎中土，育生民而心可融于各族。历久而弥新，衣冠悉遵时制；天长而见远，节令久成约俗。盐贾北望，仰先师以易趣；孔明南征，渡泸水而归心。

嗟我大姚，星移斗转；雄鸡一唱，天地绚然。大道之行，忽近七秩；民殷国盛，已成果实。立党者出以公心，效万民之冷暖；用政者依其善道，绘旧邦之新姿。当此际也，视我姚天，则霁色澄林，明霞满目。天地人和，秉初心以奋命；上下中通，得鱼水而共生。分流泉之清华，映乡关之弦瑟，向高台而论世，乘白象以驱驰。

嗟我大姚，非无坷坎；披荆寻路，得失在案。有其时也，所虑者旦夕之功，每弃灵均之芳草；所好者名利之绳，尝失道岸于斯文。有其时也，放眼有骄盈之气，充耳有荒谬之闻。有其时也，地瘠人去，山裸水污。嚣嚣啼猿，气断荒山之果；呦呦鸣鹿，魂归陋野之坪。所幸经年而下，浮华扫尽；鱼水丹城，革旧鼎新。猛药除疴，去沉渣于四海；壮士断腕，得砥柱于九州。举凡取巧虚文，唆拨奸猾，招呼朋类，挟制公庭者，尽重典以涤荡；而复倡民本，以为轴枢，躬修实务，砥砺廉隅者，则金声而颂扬。举国仰致诚之意，官民求壹气之心；秉忠贞而养志，弘孝节以立德；扶百工而济黎庶，取地利以惠苍生。当此际也，观乎桑梓，则有随步京声之胜慨也。所谓野无旷土，户无游民；欣上下而流通，知有言而必信；喜军民之日合，欣山河之日清；今之所长闻者，凡民命之所系，必致久而为功也。

嗟夫！今之桑梓，齐奏小康；澄空碧落，璀璨天光。而乡梓万民之所仰者，莫非寄飞星而折桂，享满月之廪仓；绝人间之万怪，去平畴之异祥而已。

今之桑梓，性灵舒张；青山绿水，可养四方。而乡梓百业之所钦者，不过轨度规绳，终有时而可盼；人文醇雅，或应运而可期也。至若洞天瑞色，晴霭岚新之象，自是呼之已在目前矣。

后 记

大姚，素有“三乡露铜”“五井喷盐”“文化名邦”之说。境内拥有世界体积最大的孔子铜像，唐代大姚白塔，西南第一高瀑——三潭瀑布；大姚是中国彝剧的诞生地、咪依噜的故乡、著名的“中国核桃之乡”。大姚，正散发着独特的文化芬芳摇曳走来。

为纪念楚雄彝族自治州成立60周年，楚雄州委宣传部和云南出版集团合作，计划推出“文化楚雄”系列丛书，作为州庆献礼。为挖掘和展现大姚特有的历史、文化、民俗、风景、美食等独特资源，提升大姚对外宣传的文化内涵，县委、县政府高度重视，成立了编委会，从 2017 年 2 月启动编撰《文化楚雄 · 大姚》工作。编撰组从一开始就深深认识到，这不是一般意义上的历史资料教科书，而是期望以历史文化大散文的深邃笔触，在地方文化沟壑中，努力凿开前行之路，透出一道新的光亮，把该书的编写作为外界重新认识大姚、重塑大姚文化形象、提高文化自信的一次良机。在云南出版集团和州委宣传部的指导、帮助以及县委宣传部的直接领导下，确定了“祭孔圣地　彝剧之乡”的文化定位。

编撰组采取集体集中讨论，资源共享，个人与集体改稿相结合的形式开展工作。在主题结构基本框架确立后，我们把有关大姚的文化元素进行梳理、精选，力争做到打造精品、突出重点、合理点缀。由于时间仓促，本次编写工作也遇到一些困难，特别是图片收集方面，老照片残缺，新照片数量不足，但大家都统一思想、群策群力，极力支持。在此，对文字作者和图片提供者以及关心支持本书出版的各级领导表示衷心的感谢！

当然，11 万多字的内容和 230 多幅图片，想要涵盖大姚厚重的文化是不可能的，太多的历史文化名人、大姚故事未能表述。编者的期望，就是想通过这本书的编撰出版，抛砖引玉，为下一步继续深入挖掘大姚的历史文化、塑造大姚文化品牌，找准一个目标和方向。由于编者水平有限，纰漏与不足难免，敬请读者包容与谅解！